생활 독해

#알쏭달쏭!
#한 줄 #언어치료

2

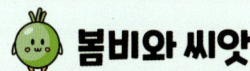
봄비와 씨앗

초판 1쇄	발행 2024년 5월 20일
지은이	최슾, 황주희, 이지숙
그린이	이기재
편 집	김은예
펴낸이	박요한
펴낸곳	도서출판 봄비와씨앗
주소	세종특별자치시 갈매로 353, 에비뉴힐 A동 B1007호
전화	044)862-1365
출판등록	제572-2022-000007호
구매처	bombi-books.co.kr
ISBN	979-11-91642-61-2

더 많은 봄비와씨앗의
교재와 전자북을 구매할 수 있습니다.

* 이 책은 저작권법에 따라 보호받는 저작물이므로 무단 전재와 복제를 금합니다.
* 잘못된 책은 구입처에서 바꿔 드립니다.
* 책값은 뒤표지에 있습니다.

알쏭달쏭! 한 줄 언어치료

〈생활독해 2 알쏭달쏭! 한 줄 언어치료〉는 아이의 질문에서 시작되었습니다. '현금 없는 버스? 폭탄 세일? 이게 무슨 말이야?' 축약되거나 비유적인 표현들이 우리의 일상생활 곳곳에서 사용된다는 것을 알게 되었지요. 그래서 〈생활독해 1〉 후속으로 〈알쏭달쏭! 한 줄 언어치료〉를 만들게 되었습니다.

〈알쏭달쏭! 한 줄 언어치료〉에서는 일상생활 곳곳에서 사용되는 낱말뿐 아니라 〈생활독해 1〉에서 다루지 못했던 일상 속의 덩어리 표현(chunk)을 담았습니다. 덩어리 표현이란 '직원 외 출입 금지, 담을수록 이득' 처럼 몇 개의 낱말들이 모여서 의미를 전달하는 표현입니다. 이러한 덩어리 표현은 새로운 의미를 만들어내기도 하고, 각 낱말이 가지고 있는 의미 그대로 사용되기도 합니다. 그래서 한 개의 낱말만 이해하지 못해도 전체의 의미를 파악하는 데 어려움이 있습니다.

이번 워크북에서는 초등학교 입학을 앞둔 아동뿐 아니라 학령기 아동도 폭넓게 사용할 수 있도록 '이해 과제'와 '표현 과제'로 나누어 구성하였습니다. '이해 과제'에서는 낱말의 뜻을 알고 여러 가지 낱말을 연결해 덩어리 표현을 만든 후 그 의미를 이해할 수 있도록 구성하였습니다. '표현 과제'에서는 그림 자료를 보고 문법 규칙에 맞게 적절하게 문장을 만들어 표현해 본 후 심화 과제로 각각의 상황에서 일어날 수 있는 추론 질문에 답할 수 있도록 구성하였습니다.

낱말과 덩어리 표현은 다양한 장소(마을버스, 마트, 지하철역, 정류장, 공항, 학교 등)를 다니며 직접 찾아서 선정하였습니다. 낱말의 정의는 표준국어대사전, 우리말샘, 보리 국어사전(보리, 2008)을 참고하여 아이들이 이해하기 쉽게 기술하였고, 낱말 정의를 바탕으로 덩어리 표현을 설명하였습니다. 또한 핵심 활동인 덩어리 표현을 이해하기 위해 반복하여 연습할 수 있도록 문항을 만들었습니다.

〈알쏭달쏭! 한 줄 언어치료〉는 이해 및 표현언어능력 발달에 지연이 있는 아동 뿐 아니라 학령기 일반 아동, 느린 학습자, 전환기 교육이 필요한 청소년 및 성인에게도 유용한 활동이 될 것입니다. 언어치료의 중요한 영역인 구문, 의미, 화용적인 영역을 모두 담으려는 노력이 욕심이 되지 않았나 하는 염려가 되기도 하지만 〈알쏭달쏭! 한 줄 언어치료〉를 통해 많은 이들에게 도움이 되길 바랍니다.

활용방안 1

이해 과제

1-1부터 시작되는 이해과제는 한 주제의 그림판에 나와 있는 낱말과 덩어리 표현을 중심으로 구성되어 있습니다. 이해과제를 다 풀면 해당 주제의 그림판에 나와있는 모든 낱말과 덩어리 표현을 이해하게 됩니다.

하나. 낱말 뜻 알기

그림 속에서 각 상황마다 제시된 낱말의 의미를 이해하는 활동입니다. 〈보기〉에서 알맞은 낱말을 찾아 뜻에 맞게 빈칸에 적어보세요.

둘. 짝꿍 찾기

각각의 낱말 뜻을 이해했다면 여러 개의 낱말이 만나 어떤 뜻을 만들어내는지 이해하는 활동입니다. 여러 개의 제시된 낱말을 연결하여 새롭게 만들어지는 의미를 이해해 보세요. 그림 장면을 떠올리면서 낱말 짝꿍을 찾아주세요. 아동이 어려워하면 그림을 보면서 진행해도 됩니다.

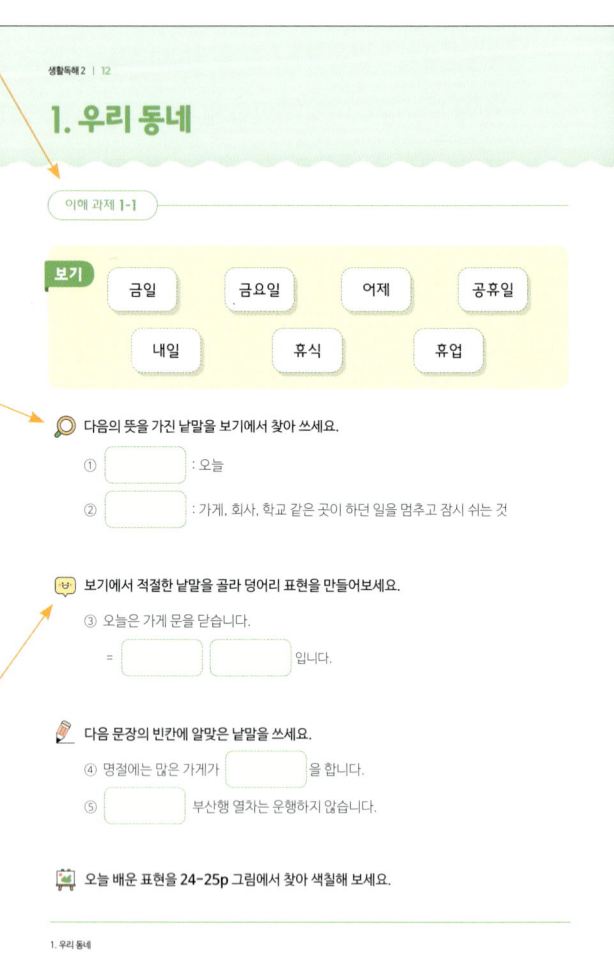

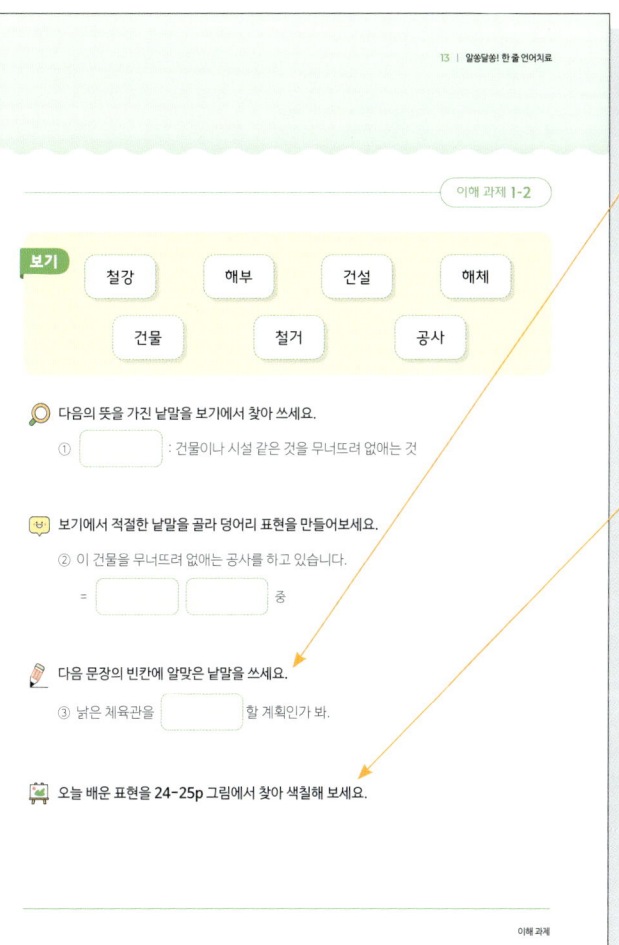

셋. 빈칸 채우기

낱말의 뜻을 이해했더라도 여러 맥락에서 다양하게 사용될 수 있다는 것을 이해해야 합니다.
빈칸 채우기 활동을 하면서 문장의 의미에 맞는 낱말을 찾아 써보세요.

넷. 색칠하기(이해 과제)

각 그림에서 흑백 선화로 되어 있는 덩어리 표현(chunk)을 찾아 색칠해 주세요. 덩어리 표현은 그림 상황에 맞게 제시되어 있어서 읽기가 유창하지 않더라도 의미를 이해한다면 적절하게 찾아 색칠할 수 있습니다. 또한 색칠하기를 하면서 아동의 진도표로 활용할 수 있습니다. 다 색칠하면 한 장소에 제시된 낱말과 덩어리 표현을 다 이해한 것입니다.

활용방안 2

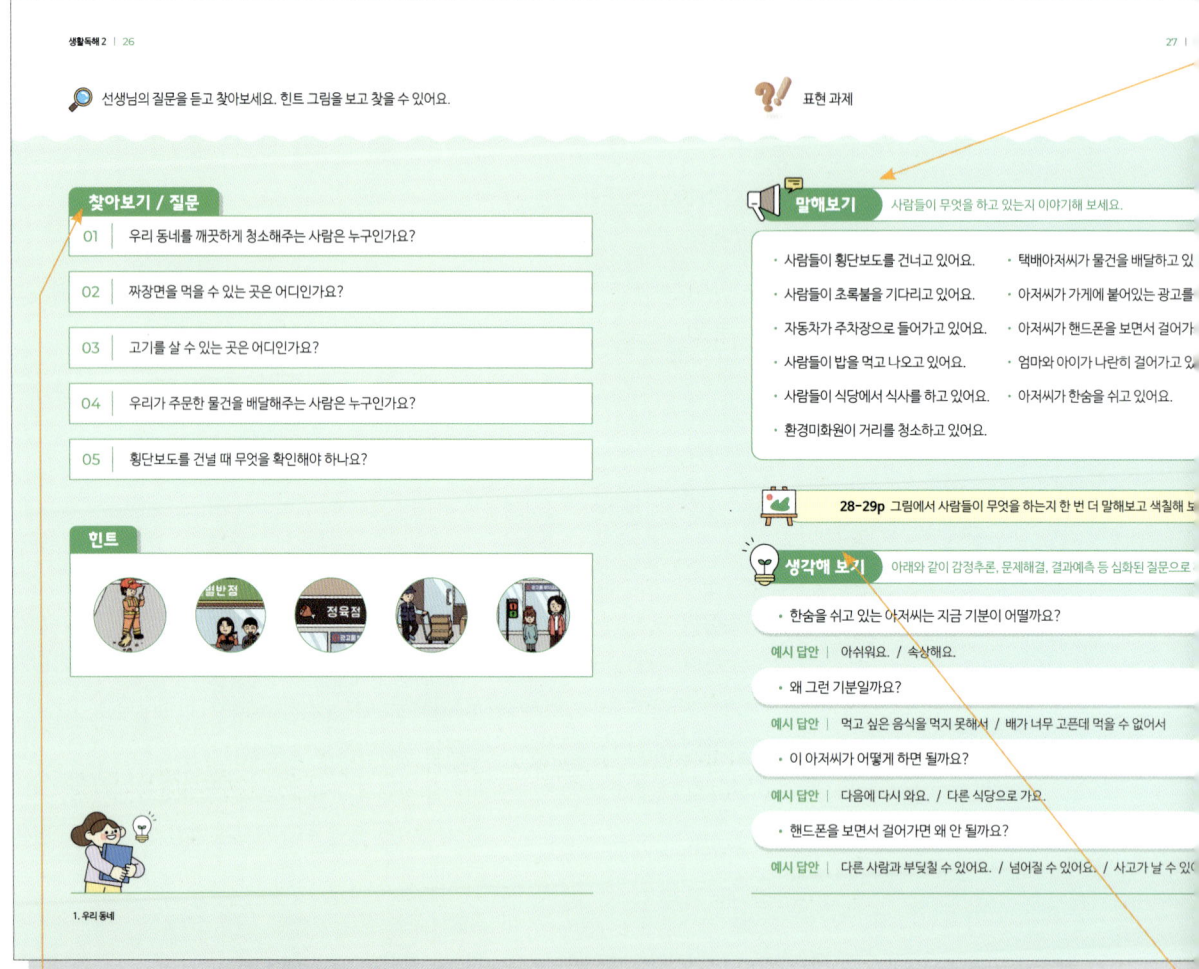

다섯. 찾아보기 / 질문

이 활동의 목표는 어휘의 의미를 이해하는 활동입니다. 예를 들어 '비행기를 찾아보자' 보다 '하늘에서 탈 수 있는 것은 무엇일까?'라고 질문합니다. 아동이 낱말의 의미를 이해하고 있는지 확인하면서 숨은 그림을 찾을 수 있도록 도와주세요.

하나. 말해보기(표현 과제)

치료사는 그림판을 아동과 함께 보면서 '**는 무엇을 하고 있나요?'하고 질문해 주세요. 말해보기 활동은 문법 구조 및 맥락에 맞는 낱말을 사용하여 표현하는 활동입니다. 아동이 보인 오류를 수정해 주고 올바른 문장으로 정확하게 표현할 수 있도록 도와주세요. 예를 들어 조사를 생략하거나 한국어 구문 규칙에 맞지 않을 때 혹은 의미적으로 적절하지 않은 낱말을 사용하는 등의 오류를 보일 때 올바른 문장으로 들려주고 다시 표현해 보도록 유도해 주세요.

tip. 문장목록이 따로 있으니 목록을 참고하세요. 문장의 길이는 아동의 수행능력에 따라 조절합니다. 어려운 문법 규칙을 외우는 것이 아니라 말하면서 자연스럽게 습득하도록 도와주세요.

둘. 색칠하기(표현 과제)

각 장면에서 흑백 선화로 된 사람을 찾아 색칠하면서 '말해보기'에서 연습했던 문장을 다시 한번 반복합니다. 행동하는 사람마다 아동의 개성대로 색칠할 수 있도록 재미있게 이끌어주세요. 또한 색칠하면서 치료사의 새로운 아이디어로 더욱 풍성한 이야기를 만들어 볼 수 있습니다.

tip. 유창성 장애 아동의 말 조절 연습 시 그림 자료를 사용할 수 있습니다.

셋. 생각해 보기(표현 과제)

그림 속에 나와 있는 사람들이 무엇을 하고 있는지 연습한 후 감정추론, 문제해결, 결과예측 등 심화된 질문으로 확장해 보세요. 추론과제는 아동의 수행능력에 따라 진행하고 그림에 나와 있는 상황에 따라 치료사가 새로운 질문들을 만들어 볼 수 있습니다.

목 차

1. 우리 동네

12~29

2. 병원

32~45

3. 서점

48~63

4. 놀이공원

66~87

5. 마트

90~107

6. 영화관

110~123

알쏭달쏭! 한 줄 언어치료

이해 과제 정답

228p

7. 푸드코트

126~139

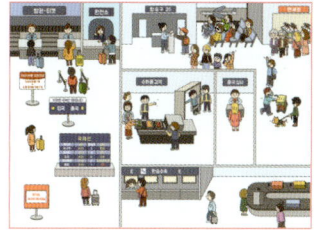

8. 공항

142~155

9. 공원

158~171

10. 학교 앞

174~189

11. 지하철역

192~209

12. 버스정류장

212~225

1. 우리 동네

12-29p

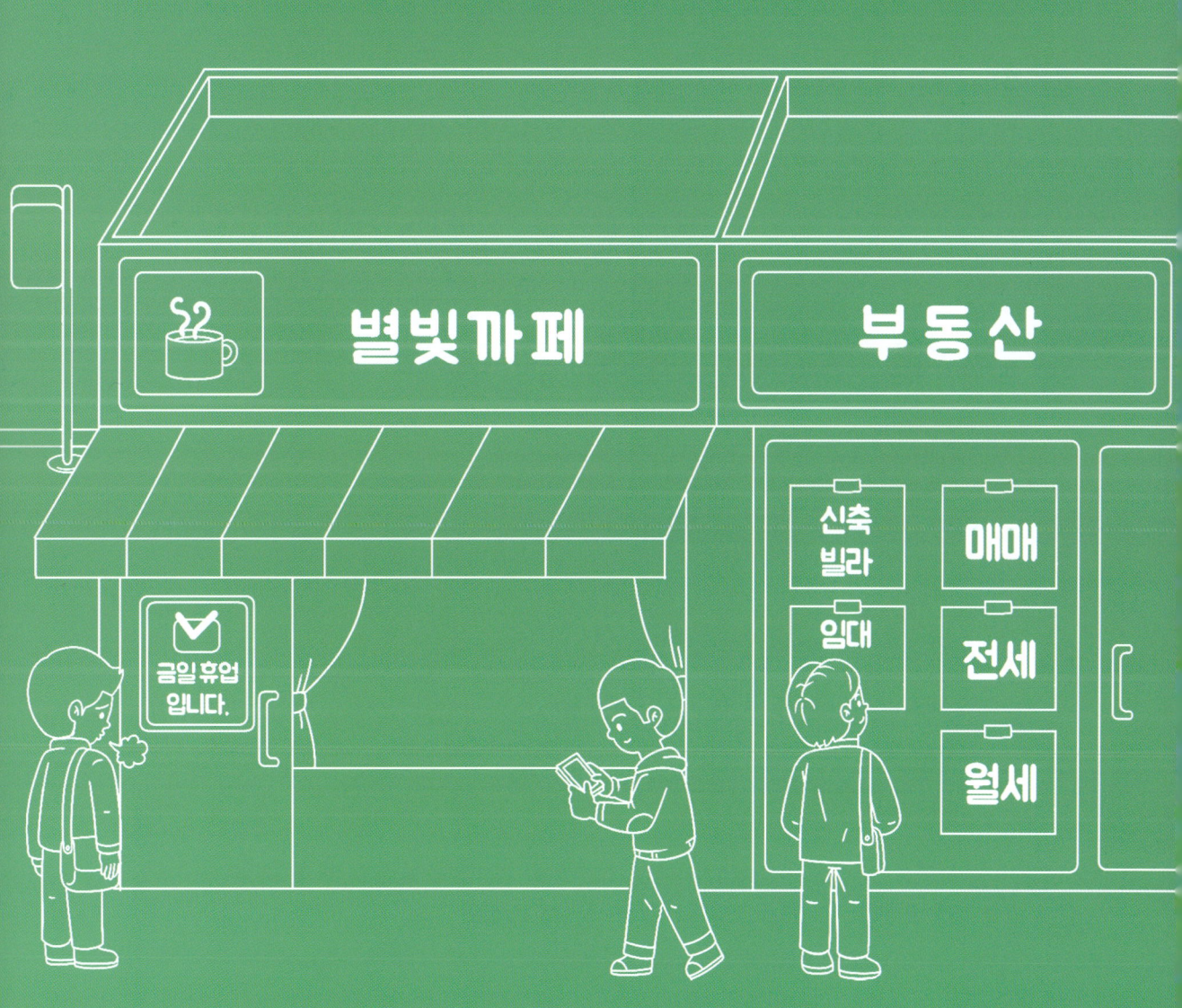

1. 우리 동네

이해 과제 **1-1**

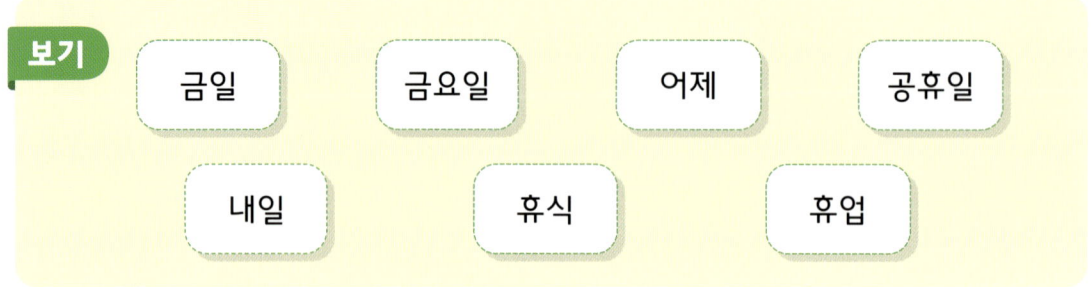

보기: 금일, 금요일, 어제, 공휴일, 내일, 휴식, 휴업

🔍 다음의 뜻을 가진 낱말을 보기에서 찾아 쓰세요.

① ☐ : 오늘

② ☐ : 가게, 회사, 학교 같은 곳이 하던 일을 멈추고 잠시 쉬는 것

💬 보기에서 적절한 낱말을 골라 덩어리 표현을 만들어보세요.

③ 오늘은 가게 문을 닫습니다.

= ☐ ☐ 입니다.

✏️ 다음 문장의 빈칸에 알맞은 낱말을 쓰세요.

④ 명절에는 많은 가게가 ☐ 을 합니다.

⑤ ☐ 부산행 열차는 운행하지 않습니다.

🖼️ 오늘 배운 표현을 24-25p 그림에서 찾아 색칠해 보세요.

이해 과제 **1-2**

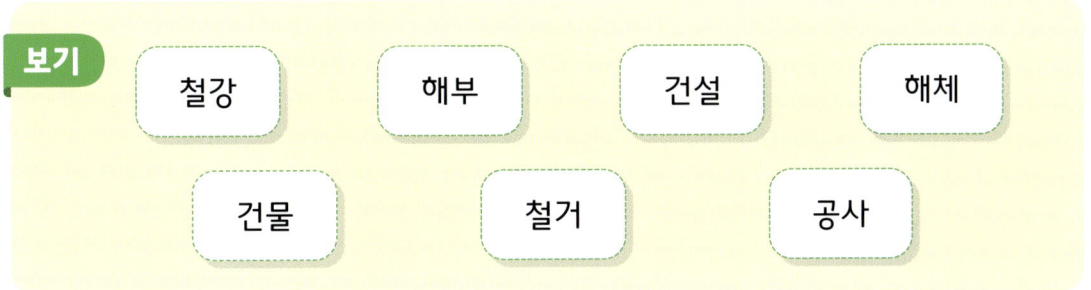

보기: 철강 해부 건설 해체 건물 철거 공사

🔍 다음의 뜻을 가진 낱말을 보기에서 찾아 쓰세요.

① ☐ : 건물이나 시설 같은 것을 무너뜨려 없애는 것

💬 보기에서 적절한 낱말을 골라 덩어리 표현을 만들어보세요.

② 이 건물을 무너뜨려 없애는 공사를 하고 있습니다.

= ☐ ☐ 중

✏️ 다음 문장의 빈칸에 알맞은 낱말을 쓰세요.

③ 낡은 체육관을 ☐ 할 계획인가 봐.

🖼️ 오늘 배운 표현을 **24-25p** 그림에서 찾아 색칠해 보세요.

이해 과제 1-3

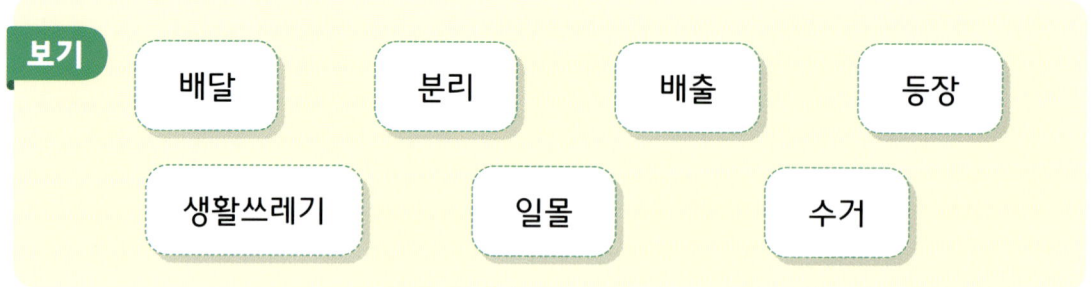

보기: 배달, 분리, 배출, 등장, 생활쓰레기, 일몰, 수거

🔍 다음의 뜻을 가진 낱말을 보기에서 찾아 쓰세요.

① ⬚ : 쓸모없는 것을 내보내는 것

② ⬚ : 해가 지는 것

💬 보기에서 적절한 낱말을 골라 덩어리 표현을 만들어보세요.

③ 종량제 봉투에 담길 쓰레기와 일반쓰레기는 해가 진 후에 내놓으세요.

= ⬚ ⬚ 은 ⬚ 후에

✏️ 다음 문장의 빈칸에 알맞은 낱말을 쓰세요.

④ ⬚ 이 멋진 장소는 어디인가요?

⑤ 자동차에서 ⬚ 되는 가스는 건강에 나빠요.

🖼️ 오늘 배운 표현을 24-25p 그림에서 찾아 색칠해 보세요.

1. 우리 동네

이해 과제 1-4

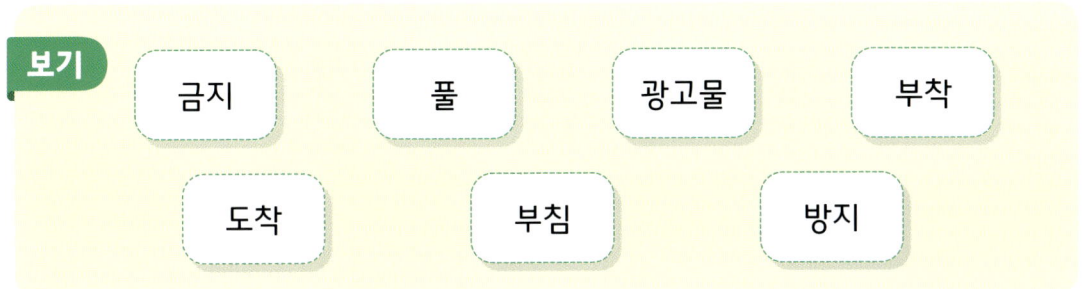

🔍 다음의 뜻을 가진 낱말을 보기에서 찾아 쓰세요.

① [   ] : 어떤 것을 붙이는 것

💬 보기에서 적절한 낱말을 골라 덩어리 표현을 만들어보세요.

② 이곳에 광고 전단지를 붙이지 마세요.

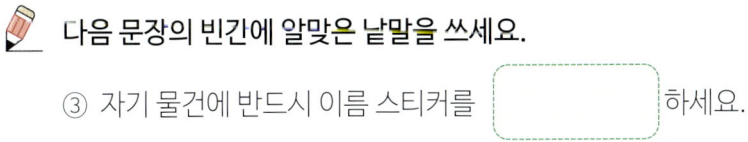

✏️ 다음 문장의 빈칸에 알맞은 낱말을 쓰세요.

③ 자기 물건에 반드시 이름 스티커를 [   ] 하세요.

🖼️ 오늘 배운 표현을 24-25p 그림에서 찾아 색칠해 보세요.

이해 과제 1-5

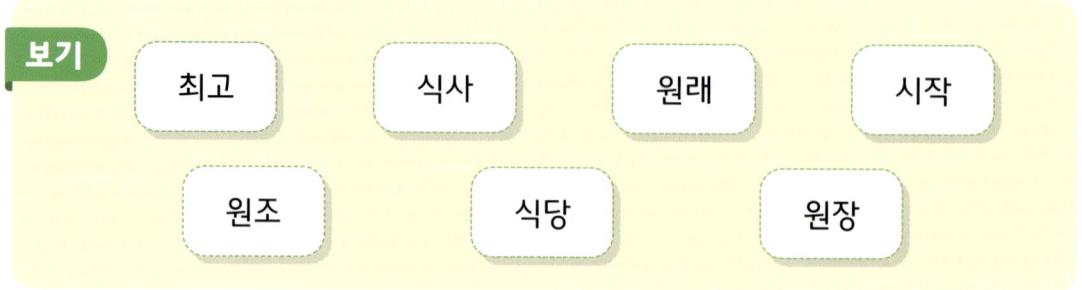

🔍 다음의 뜻을 가진 낱말을 보기에서 찾아 쓰세요.

① [　　　　] : 어떤 일을 처음으로 시작한 사람, 어떤 것의 맨 처음 시작

💬 보기에서 적절한 낱말을 골라 덩어리 표현을 만들어보세요.

② 어떤 음식을 가장 먼저 만들어 팔기 시작한 식당

= [　　　　] [　　　　]

✏️ 다음 문장의 빈칸에 알맞은 낱말을 쓰세요.

③ 김치의 [　　　　] 는 바로 한국이지!

🖼️ 오늘 배운 표현을 24-25p 그림에서 찾아 색칠해 보세요.

1. 우리 동네

이해 과제 **1-6**

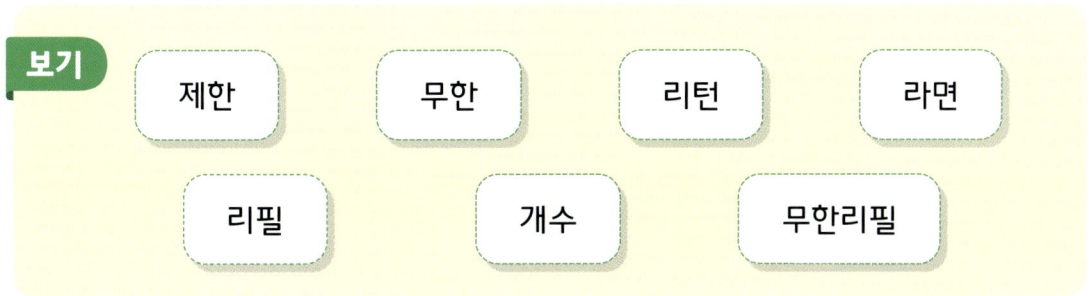

🔍 다음의 뜻을 가진 낱말을 보기에서 찾아 쓰세요.

① [　　　　] : 비어 있는 그릇에 음식을 다시 채우는 것

② [　　　　] : 끝이 없는 것

③ [　　　　] : 음식의 양에 제한 없이 원하는 만큼 그릇에 다시 채우는 것

💬 보기에서 적절한 낱말을 골라 덩어리 표현을 만들어보세요.

④ 라면은 제한 없이 얼마든지 더 먹을 수 있어요.

= [　　　] [　　　] [　　　]

✏️ 다음 문장의 빈칸에 알맞은 낱말을 쓰세요.

⑤ 이 고깃집은 공깃밥이 [　　　　] 이래.

⑥ 어린이들은 [　　　　] 한 가능성이 있습니다.

⑦ 사장님! 반찬 [　　　　] 좀 해주세요.

🎨 오늘 배운 표현을 **24-25p** 그림에서 찾아 색칠해 보세요.

이해 과제 1-7

🔍 다음의 뜻을 가진 낱말을 보기에서 찾아 쓰세요.

① [　　　　　] : 사람이 먹는 음식물

💬 보기에서 적절한 낱말을 골라 덩어리 표현을 만들어보세요.

② 신선한 상태의 식품

= [　　　　] [　　　　]

✏️ 다음 문장의 빈칸에 알맞은 낱말을 쓰세요.

③ 불량 [　　　　] 은 사지도 말고, 먹지도 말자.

🖼️ 오늘 배운 표현을 24-25p 그림에서 찾아 색칠해 보세요.

1. 우리 동네

이해 과제 **1-8**

🔍 다음의 뜻을 가진 낱말을 보기에서 찾아 쓰세요.

① [　　　　] : 물건을 사용하거나 다루는 것

💬 보기에서 적절한 낱말을 골라 덩어리 표현을 만들어보세요.

② 조심히 다뤄주세요.
= [　　　　] [　　　　]

✏️ 다음 문장의 빈칸에 알맞은 낱말을 쓰세요.

③ 엄마는 아직도 날 어린아이 [　　　　] 하셔.

🎨 오늘 배운 표현을 24-25p 그림에서 찾아 색칠해 보세요.

이해 과제 1-9

🔍 다음의 뜻을 가진 낱말을 보기에서 찾아 쓰세요.

① [　　　　] : 건물 같은 것을 새로 짓는 것

💬 보기에서 적절한 낱말을 골라 덩어리 표현을 만들어보세요.

② 새로 지은 빌라

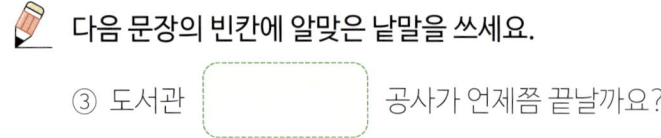

✏️ 다음 문장의 빈칸에 알맞은 낱말을 쓰세요.

③ 도서관 [　　　　] 공사가 언제쯤 끝날까요?

🖼️ 오늘 배운 표현을 24-25p 그림에서 찾아 색칠해 보세요.

이해 과제 **1-10**

🔍 다음의 뜻을 가진 낱말을 보기에서 찾아 쓰세요.

① [ ] : 주인에게 매달 정해진 돈을 내고 집이나 방을 빌리는 것

② [ ] : 정해진 기간 동안 주인에게 돈을 맡기고 집이나 방을 빌리는 것

③ [ ] : 집이나 건물, 땅을 사거나 파는 것

④ [ ] : 집이나 땅을 사거나 빌릴 사람에게 팔거나 빌려줄 사람을 이어 주는 가게

⑤ [ ] : 전세나 월세로 집이나 가게를 빌려주는 것

✏️ 다음 문장의 빈칸에 알맞은 낱말을 쓰세요.

⑥ 건물을 [ ] 할 때는 부동산에서 해야 해.

⑦ 이 가게는 매달 10일에 [ ] 를 내야 한대.

⑧ 여보, [ ] 에서 전화 왔어요. 누가 집을 구하나 봐.

⑨ 신축빌라 [ ] 는 123-5678번으로 문의하세요.

⑩ 이번에는 월세 말고 [ ] 로 계약하려고요.

🖼️ 오늘 배운 표현을 24-25p 그림에서 찾아 색칠해 보세요.

이해 과제 1-11

🔍 다음의 뜻을 가진 낱말을 보기에서 찾아 쓰세요.

① ☐ : 쇠고기나 돼지고기, 닭고기 등을 파는 가게

② ☐ : 지방이나 뼈 등을 발라낸 살코기

③ ☐ : 중국 음식을 파는 대중적인 음식점

✏️ 다음 문장의 빈칸에 알맞은 낱말을 쓰세요.

④ 아빠! 오늘 저녁은 별별 ☐ 에서 짜장면 시켜 먹으면 안 돼요?

⑤ 오늘 ☐ 코너에서 한우를 할인합니다. 어서 오세요.

⑥ 주말 저녁은 삼겹살 구이야. 마트 ☐ 에서 샀어.

🖼️ 오늘 배운 표현을 24-25p 그림에서 찾아 색칠해 보세요.

함께 이야기해 봐요!

- 우리 동네에 있는 가게 이름을 말해 보세요.
- 우리 동네에 있었으면 하는 가게는 무엇인가요?

선생님의 질문을 듣고 찾아보세요. 힌트 그림을 보고 찾을 수 있어요.

찾아보기 / 질문

01	우리 동네를 깨끗하게 청소해주는 사람은 누구인가요?
02	짜장면을 먹을 수 있는 곳은 어디인가요?
03	고기를 살 수 있는 곳은 어디인가요?
04	우리가 주문한 물건을 배달해주는 사람은 누구인가요?
05	횡단보도를 건널 때 무엇을 확인해야 하나요?

힌트

1. 우리 동네

 표현 과제

 **말해보기** 사람들이 무엇을 하고 있는지 이야기해 보세요.

- 사람들이 횡단보도를 건너고 있어요.
- 사람들이 초록불을 기다리고 있어요.
- 자동차가 주차장으로 들어가고 있어요.
- 사람들이 밥을 먹고 나오고 있어요.
- 사람들이 식당에서 식사를 하고 있어요.
- 환경미화원이 거리를 청소하고 있어요.
- 택배아저씨가 물건을 배달하고 있어요.
- 아저씨가 가게에 붙어있는 광고를 보고 있어요.
- 아저씨가 핸드폰을 보면서 걸어가고 있어요.
- 엄마와 아이가 나란히 걸어가고 있어요.
- 아저씨가 한숨을 쉬고 있어요.

 28-29p 그림에서 사람들이 무엇을 하는지 한 번 더 말해보고 색칠해 보세요.

 생각해 보기 아래와 같이 감정추론, 문제해결, 결과예측 등 심화된 질문으로 확장해 보세요.

- 한숨을 쉬고 있는 아저씨는 지금 기분이 어떨까요?

예시 답안 | 아쉬워요. / 속상해요.

- 왜 그런 기분일까요?

예시 답안 | 먹고 싶은 음식을 먹지 못해서 / 배가 너무 고픈데 먹을 수 없어서

- 이 아저씨가 어떻게 하면 될까요?

예시 답안 | 다음에 다시 와요. / 다른 식당으로 가요.

- 핸드폰을 보면서 걸어가면 왜 안 될까요?

예시 답안 | 다른 사람과 부딪칠 수 있어요. / 넘어질 수 있어요. / 사고가 날 수 있어요.

2. 병원

32-45p

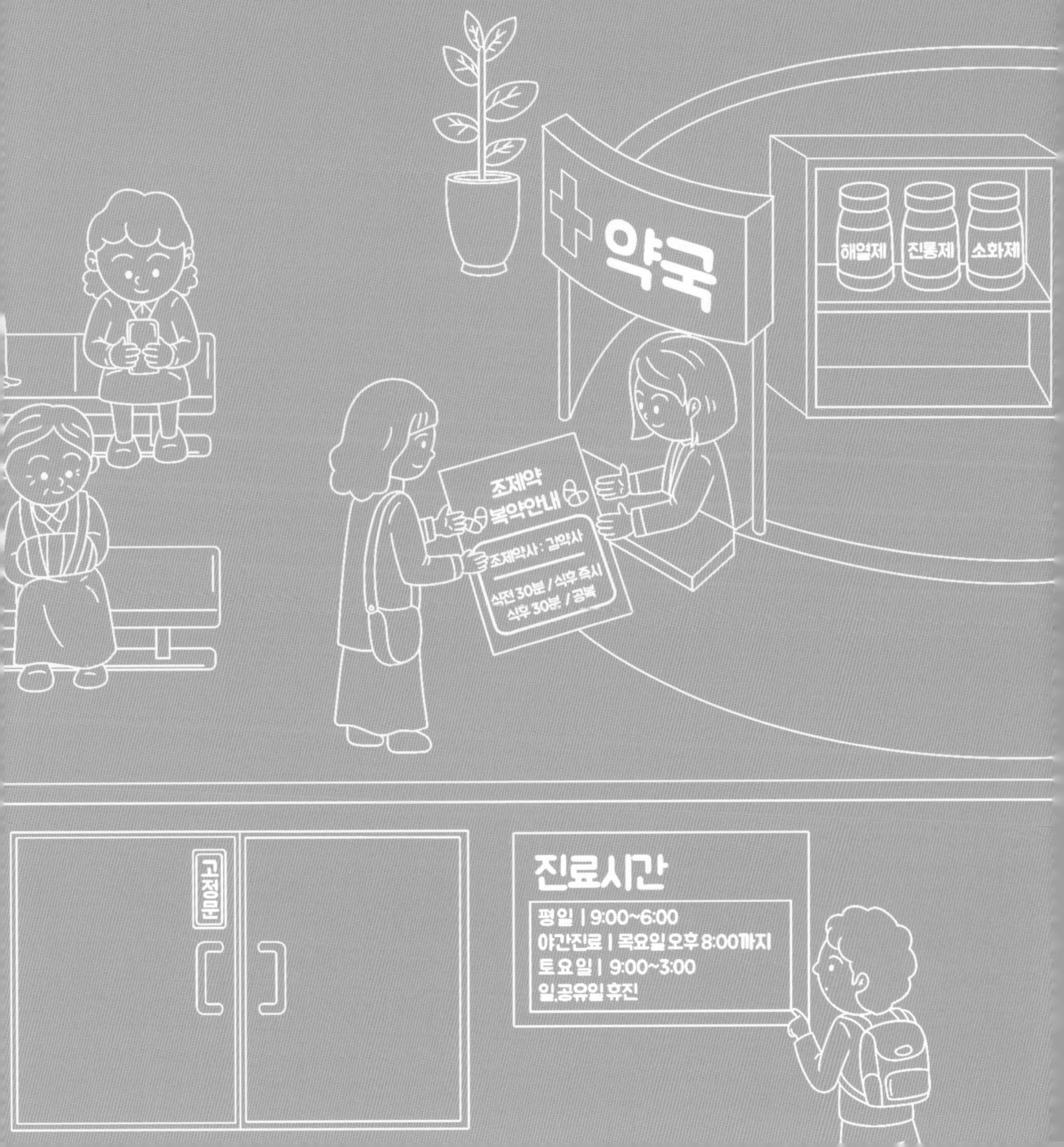
약국
해열제
진통제
소화제
조제약
복약안내
조제약사 : 김약사
식전 30분 / 식후 즉시
식후 30분 / 공복
고정문
진료시간
평일 | 9:00~6:00
야간진료 | 목요일 오후 8:00까지
토요일 | 9:00~3:00
일,공휴일 휴진

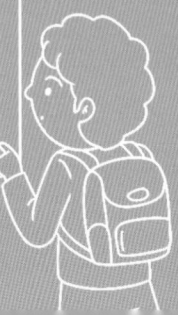

2. 병원

이해 과제 2-1

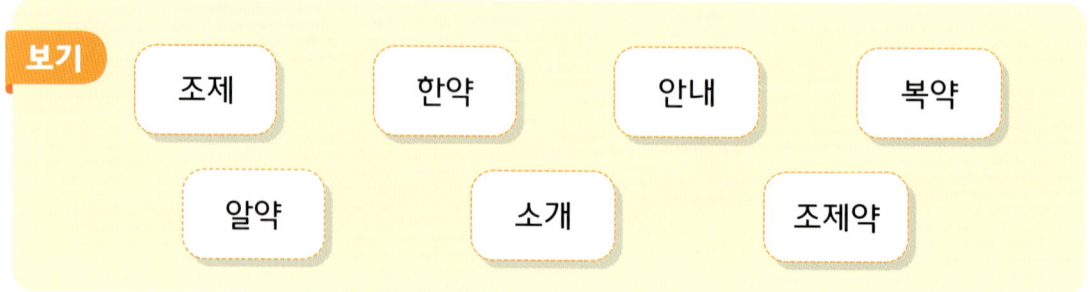

보기: 조제, 한약, 안내, 복약, 알약, 소개, 조제약

🔍 다음의 뜻을 가진 낱말을 보기에서 찾아 쓰세요.

① ☐ : 여러 가지 약품을 섞어서 약을 짓는 것

② ☐ : 약을 먹는 것

💬 보기에서 적절한 낱말을 골라 덩어리 표현을 만들어보세요.

③ 약 먹는 방법을 알려줍니다.

= ☐ ☐ ☐

✏️ 다음 문장의 빈칸에 알맞은 낱말을 쓰세요.

④ 감기약 ☐ 방법을 잘 듣고 지키세요.

⑤ 선생님, 알약 대신 가루약으로 ☐ 해 주세요.

🖼️ 오늘 배운 표현을 40-41p 그림에서 찾아 색칠해 보세요.

이해 과제 **2-2**

보기: 식전, 식구, 전에, 30분, 식사, 식후, 즉시

🔍 다음의 뜻을 가진 낱말을 보기에서 찾아 쓰세요.

① [ ] : 식사하기 전

② [ ] : 식사한 후

💬 보기에서 적절한 낱말을 골라 덩어리 표현을 만들어보세요.

③ 식사를 하기 30분 전에 약을 먹어요. = [ ] [ ]

④ 식사 후 바로 약을 먹어요. = [ ] [ ]

⑤ 식사를 하고 나서 30분 후에 약을 먹어요. = [ ] [ ]

✏️ 다음 문장의 빈칸에 알맞은 낱말을 쓰세요.

⑥ [ ] 에는 항상 졸음이 쏟아져요.

⑦ [ ] 에 간식이라니, 밥 먹어야지.

🖼️ 오늘 배운 표현을 40-41p 그림에서 찾아 색칠해 보세요.

이해 과제

이해 과제 2-3

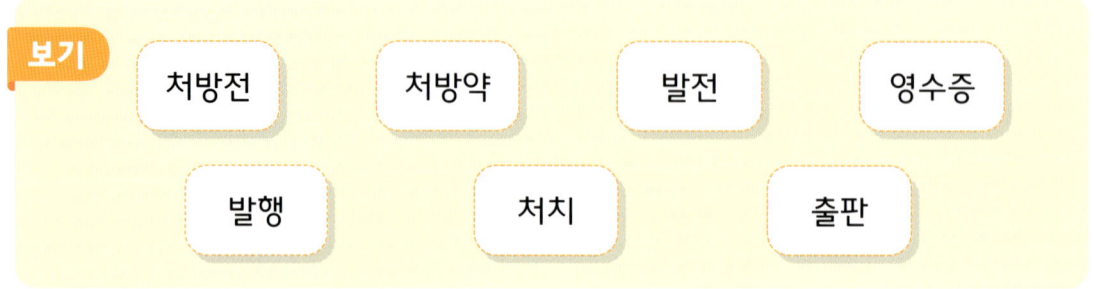

🔍 다음의 뜻을 가진 낱말을 보기에서 찾아 쓰세요.

① _____ : 의사가 환자에게 처방한 약 내용을 적은 종이

② _____ : 인쇄하여 찍어 내는 것

💬 보기에서 적절한 낱말을 골라 덩어리 표현을 만들어보세요.

③ 의사의 약 처방전을 드립니다.

= _____ _____

✏️ 다음 문장의 빈칸에 알맞은 낱말을 쓰세요.

④ 이 책은 한 달에 한 번 _____ 되는 잡지입니다.

⑤ 병원에서 받은 _____ 을 가지고 1층 약국으로 가세요.

🎨 오늘 배운 표현을 40-41p 그림에서 찾아 색칠해 보세요.

이해 과제 2-4

🔍 다음의 뜻을 가진 낱말을 보기에서 찾아 쓰세요.

① [   ] : 밤시간

💬 보기에서 적절한 낱말을 골라 덩어리 표현을 만들어보세요.

② 밤 시간에 진료합니다. = [   ] [   ]

✏️ 다음 문장의 빈칸에 알맞은 낱말을 쓰세요.

③ 이렇게 늦은 [   ] 시간에도 가게가 문을 열었다고?

🎨 오늘 배운 표현을 40-41p 그림에서 찾아 색칠해 보세요.

이해 과제 **2-5**

🔍 다음의 뜻을 가진 낱말을 보기에서 찾아 쓰세요.

① [　　　　] : 의료 기관이나 의사가 하루 또는 한동안 진료를 하지 않고 쉬는 것

💬 보기에서 적절한 낱말을 골라 덩어리 표현을 만들어보세요.

② 일요일과 공휴일에는 진료가 없습니다.

= [　　　] · [　　　] [　　　]

✏️ 다음 문장의 빈칸에 알맞은 낱말을 쓰세요.

③ 8월에 [　　　　] 하는 날이 언제인가요?

🖼️ 오늘 배운 표현을 40-41p 그림에서 찾아 색칠해 보세요.

이해 과제 2-6

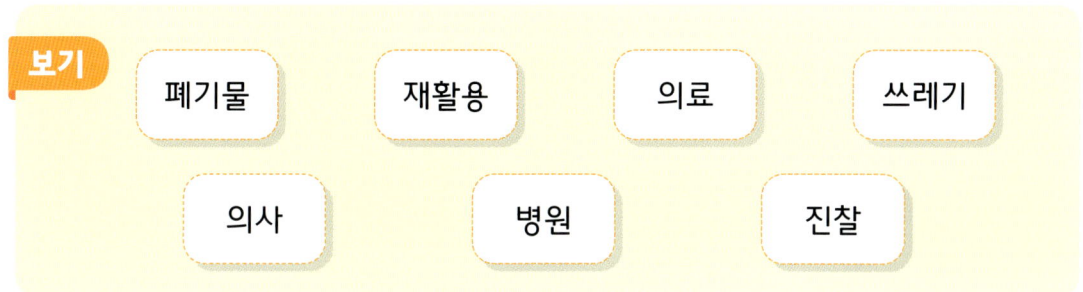

🔍 다음의 뜻을 가진 낱말을 보기에서 찾아 쓰세요.

① _____ : 병을 막거나 고치는 일

② _____ : 못 쓰게 되어 버리는 물건

💬 보기에서 적절한 낱말을 골라 덩어리 표현을 만들어보세요.

③ 병원에서 사용된 주사기, 알콜솜 등을 포함한 모든 쓰레기

= _____ _____

✏️ 다음 문장의 빈칸에 알맞은 낱말을 쓰세요.

④ 고장난 가전제품에 _____ 스티커를 붙이세요.

⑤ 우리 삼촌은 _____ 봉사 활동을 하셔.

🎨 오늘 배운 표현을 40-41p 그림에서 찾아 색칠해 보세요.

이해 과제 2-7

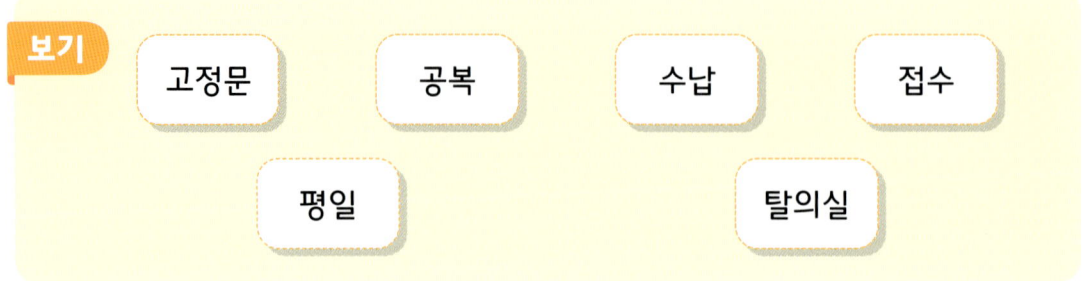

보기: 고정문, 공복, 수납, 접수, 평일, 탈의실

🔍 다음의 뜻을 가진 낱말을 보기에서 찾아 쓰세요.

① [　　　] : 음식을 먹은 지 오래되어 배 속이 빈 것
② [　　　] : 신청을 받는 것
③ [　　　] : 돈을 받는 것
④ [　　　] : 토요일, 일요일, 공휴일이 아닌 날
⑤ [　　　] : 열리지 않는 문
⑥ [　　　] : 옷을 갈아입는 방

📝 다음 문장의 빈칸에 알맞은 낱말을 쓰세요.

⑦ 카드로도 [　　　] 이 가능합니다.
⑧ 난 [　　　] 에는 게임을 못 해. 엄마가 주말에만 허락하셔.
⑨ [　　　] 이라 너무 배가 고파. 뭘 좀 먹어야겠다.
⑩ [　　　] 에서는 신발을 벗어주세요.
⑪ 왼쪽은 [　　　] 이야. 오른쪽 문을 열어야 해.
⑫ 수요일부터 방과후활동 신청 [　　　] 가 시작됩니다.

🎨 오늘 배운 표현을 **40-41p** 그림에서 찾아 색칠해 보세요.

이해 과제 2-8

🔍 다음의 뜻을 가진 낱말을 보기에서 찾아 쓰세요.

① [ ] : 진료를 받기 위해 병원에 찾아오는 것

② [ ] : 의사의 처방대로 약을 지어 주거나 파는 사람

③ [ ] : 열을 내려주는 약

④ [ ] : 아픈 증상을 줄여주거나 멈추게 하는 약

⑤ [ ] : 음식을 잘 소화할 수 있게 도와주는 약

✏️ 다음 문장의 빈칸에 알맞은 낱말을 쓰세요.

⑥ 밥을 너무 급하게 먹었나 봐. [ ]가 어디 있지?

⑦ [ ]를 먹었더니 아픈 게 조금 덜해요.

⑧ [ ]를 먹어도 열이 떨어지지 않네.

⑨ 환자분, 다음 주에 다시 [ ] 해주세요.

⑩ [ ]가 기침을 할 때는 찬 음식을 먹지 말라고 했어요.

🎨 오늘 배운 표현을 40-41p 그림에서 찾아 색칠해 보세요.

2. 병원

선생님의 질문을 듣고 찾아보세요. 힌트 그림을 보고 찾을 수 있어요.

찾아보기 / 질문

01	열이 날 때는 무슨 약을 먹어야 할까요?
02	의사 선생님과 함께 진료를 도와주는 사람은 누구일까요?
03	진찰할 때 의사 선생님이 사용하는 것은 무엇일까요?
04	다리가 아파서 걸을 수 없어요. 무엇을 타야 할까요?
05	약을 지어주는 사람은 누구일까요?

힌트

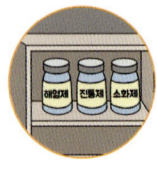    

 표현 과제

 **말해보기** 사람들이 무엇을 하고 있는지 이야기해 보세요.

- 아줌마가 약 봉투를 받고 있어요.
- 아이가 키와 몸무게를 재고 있어요.
- 의사가 환자를 진찰하고 있어요.
- 언니가 진료 접수를 하고 있어요.
- 할머니는 팔에 붕대를 하고 있어요.
- 약사가 약 먹는 방법을 말하고 있어요.
- 아저씨가 진료비를 계산하고 있어요.
- 엄마가 (아이가 타고 있는) 휠체어를 밀고 있어요.
- 할아버지가 진료 순서를 기다리고 있어요.
- 형이 (탈의실에서) 옷을 갈아입고 나왔어요.
- 아저씨가 (주사실에서) 수액을 맞고 있어요.
- 엄마가 아이의 키와 몸무게를 확인하고 있어요.

 44-45p 그림에서 사람들이 무엇을 하는지 한 번 더 말해보고 색칠해 보세요.

 생각해 보기 아래와 같이 감정추론, 문제해결, 결과예측 등 심화된 질문으로 확장해 보세요.

- 병원이 문을 여는 시간이나 진료를 쉬는 날은 무엇을 보고 알 수 있나요?

예시 답안 | 진료시간 안내

- 할머니는 왜 붕대를 하고 있나요?

예시 답안 | 팔을 다쳤어요. / 팔이 부러졌어요.

2. 병원

3. 서점

48-63p

3. 서점

이해 과제 3-1

보기: 신간, 새로, 책장, 코너, 모서리, 전시, 시장

🔍 다음의 뜻을 가진 낱말을 보기에서 찾아 쓰세요.

① ☐ : 책을 새로 펴내는 것, 새로 나온 책

② ☐ : 백화점 같은 곳에서 어떤 물건을 파는 곳

💬 보기에서 적절한 낱말을 골라 덩어리 표현을 만들어보세요.

③ 새로 나온 책을 소개하는 코너
   = ☐ ☐

✏️ 다음 문장의 빈칸에 알맞은 낱말을 쓰세요.

④ 장난감 ☐ 에서 생일선물을 사야 해.

⑤ 재미있는 ☐ 소설을 추천해주세요.

🖼️ 오늘 배운 표현을 58-59p 그림에서 찾아 색칠해 보세요.

이해 과제 3-2

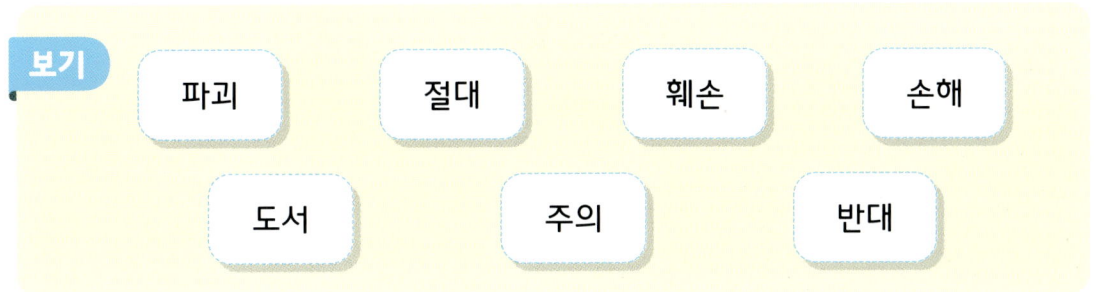

🔍 다음의 뜻을 가진 낱말을 보기에서 찾아 쓰세요.

① [ ] : 물건을 함부로 다루어 깨지거나 상해서 못 쓰게 만드는 것

② [ ] : 어떤 일이 있어도 꼭

③ [ ] : 그림, 글씨, 책 등을 통틀어 이르는 말

💬 보기에서 적절한 낱말을 골라 덩어리 표현을 만들어보세요.

④ 책을 함부로 다뤄서 책이 찢어지거나, 더러워지지 않도록 조심하세요.

= [ ] [ ] [ ] [ ]

✏️ 다음 문장의 빈칸에 알맞은 낱말을 쓰세요.

⑤ 이번 산불로 숲이 크게 [ ] 되었습니다.

⑥ 이 [ ] 관에는 학습만화책이 많아요.

⑦ 친구를 때리는 건 [ ] 해서는 안 되는 일이야.

🎨 오늘 배운 표현을 58-59p 그림에서 찾아 색칠해 보세요.

이해 과제

이해 과제 3-3

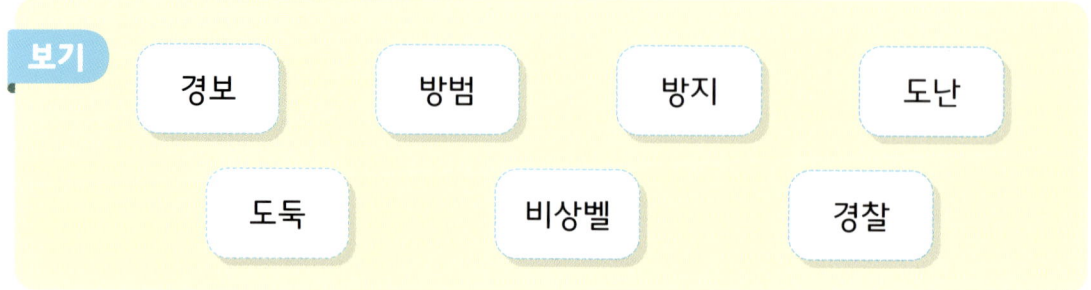

보기: 경보 방범 방지 도난 도둑 비상벨 경찰

🔍 다음의 뜻을 가진 낱말을 보기에서 찾아 쓰세요.

① [　　　] : 범죄나 사고 같은 나쁜 일이 일어나지 못하게 미리 막는 것

② [　　　] : 돈이나 물건 같은 것을 도둑맞는 것

③ [　　　] : 위험한 일이 생겼을 때 조심하라고 미리 알리는 일이나 그런 신호

💬 보기에서 적절한 낱말을 골라 덩어리 표현을 만들어보세요.

④ 물건을 계산하지 않고 가게를 나가면 경보기가 울립니다.

＝ [　　　] [　　　] [　　　]

✏️ 다음 문장의 빈칸에 알맞은 낱말을 쓰세요.

⑤ 안전운전으로 교통사고를 [　　　] 합시다.

⑥ 갑자기 화재 [　　　] 가 울리기 시작했다.

⑦ 뭐? 도둑? 경찰서에 [　　　] 신고는 했지?

🎨 오늘 배운 표현을 58-59p 그림에서 찾아 색칠해 보세요.

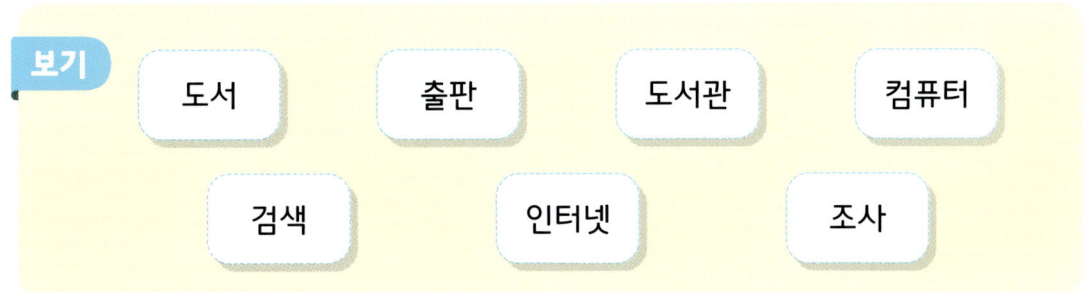

🔍 다음의 뜻을 가진 낱말을 보기에서 찾아 쓰세요.

① ☐ : 책이나 컴퓨터 등에서 알고 싶은 것을 찾는 것

💬 보기에서 적절한 낱말을 골라 덩어리 표현을 만들어보세요.

② 사고 싶은 책이 서점에 있는지 컴퓨터로 찾아보는 것

= ☐ ☐

✏️ 다음 문장의 빈칸에 알맞은 낱말을 쓰세요.

③ 도서관에서 자료 ☐ 을 하고 있어요.

🖼️ 오늘 배운 표현을 58-59p 그림에서 찾아 색칠해 보세요.

이해 과제 3-5

보기: 교과서, 참고서, 초중고, 중고등, 책, 문제집, 어린이

🔍 다음의 뜻을 가진 낱말을 보기에서 찾아 쓰세요.

① _____ : 교과서 공부에 도움이 되는 책

② _____ : 초등학교, 중학교, 고등학교를 함께 부르는 말

💬 보기에서 적절한 낱말을 골라 덩어리 표현을 만들어보세요.

③ 초등학교, 중학교, 고등학교 공부에 도움이 되는 책

= _____ _____

✏️ 다음 문장의 빈칸에 알맞은 낱말을 쓰세요.

④ 이번 주부터 _____ 학생들의 졸업식이 시작됩니다.

⑤ 과목마다 _____ 와 문제집을 사야 해요.

🎨 오늘 배운 표현을 58-59p 그림에서 찾아 색칠해 보세요.

3. 서점

이해 과제 3-6

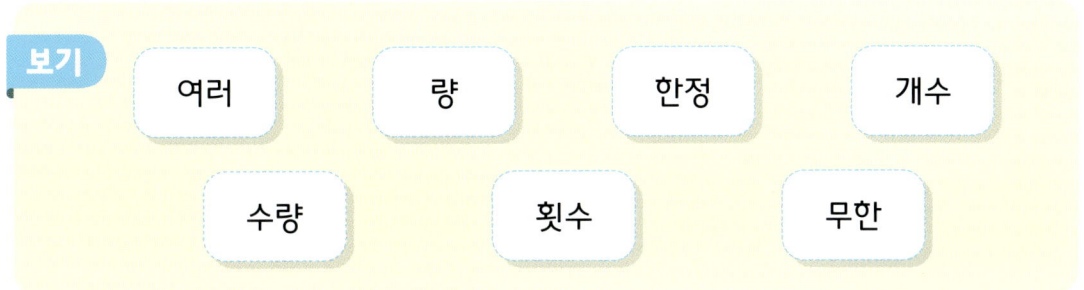

🔍 다음의 뜻을 가진 낱말을 보기에서 찾아 쓰세요.

① _____ : 양이나 테두리, 범위를 정하는 것

② _____ : 수와 양

💬 보기에서 적절한 낱말을 골라 덩어리 표현을 만들어보세요.

③ 수나 양이 정해져 있는 것

= _____ _____

✏️ 다음 문장의 빈칸에 알맞은 낱말을 쓰세요.

④ 이 캐릭터는 인기가 많아서 _____ 이 부족해요.

⑤ 수박 주스는 여름철 _____ 메뉴입니다.

🖼️ 오늘 배운 표현을 58-59p 그림에서 찾아 색칠해 보세요.

이해 과제 3-7

보기: 쇼핑, 용기, 용품, 학년, 신학기, 학기, 방학

🔍 다음의 뜻을 가진 낱말을 보기에서 찾아 쓰세요.

① [　　　] : 한 학년을 둘로 나눈 기간

② [　　　] : 새로 시작하는 학기

💬 보기에서 적절한 낱말을 골라 덩어리 표현을 만들어보세요.

③ 학용품, 참고서 등 새로운 학기에 필요한 물건

= [　　　] [　　　]

✏️ 다음 문장의 빈칸에 알맞은 낱말을 쓰세요.

④ 이제 방학 끝! 내일부터 [　　　] 시작!

⑤ 내일 2 [　　　] 회장, 부회장 선거가 있어요.

🖼️ 오늘 배운 표현을 58-59p 그림에서 찾아 색칠해 보세요.

이해 과제 3-8

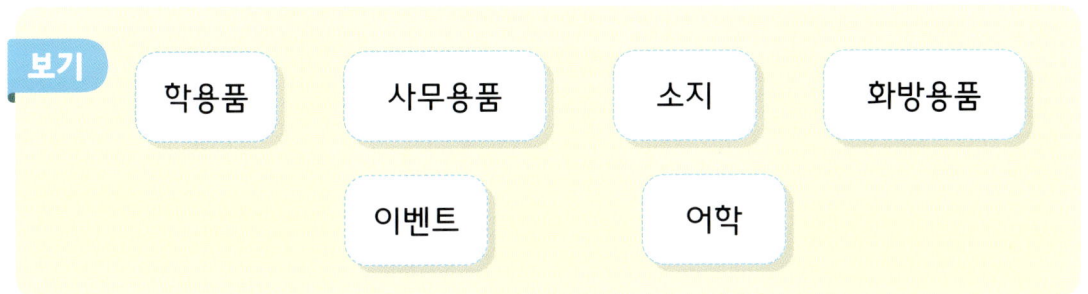

🔍 다음의 뜻을 가진 낱말을 보기에서 찾아 쓰세요.

① ☐ : 어떤 것을 몸에 지니는 것
② ☐ : 도화지, 크레용, 물감 등 미술용품
③ ☐ : 공책, 연필, 지우개, 자 등 학생이 공부하는 데 필요한 물건
④ ☐ : 볼펜, 복사용지 등 사무실에서 필요한 물건
⑤ ☐ : 어떤 나라의 말을 공부하는 일
⑥ ☐ : 사람들의 관심을 끌기 위해 벌이는 행사

✏️ 다음 문장의 빈칸에 알맞은 낱말을 쓰세요.

⑦ 이 수영장은 회원증을 ☐ 해야 이용할 수 있습니다.
⑧ 화가인 삼촌 방에는 ☐ 이 많아.
⑨ 우리 사무실은 매달 ☐ 을 주문합니다.
⑩ 어린이날을 맞아 특별한 ☐ 가 열립니다.
⑪ 내 친구는 ☐ 실력이 뛰어나요. 영어를 정말 잘해요.
⑫ 문구점에서 어떤 ☐ 을 사야 하지?

🖼️ 오늘 배운 표현을 58-59p 그림에서 찾아 색칠해 보세요.

이해 과제 3-9

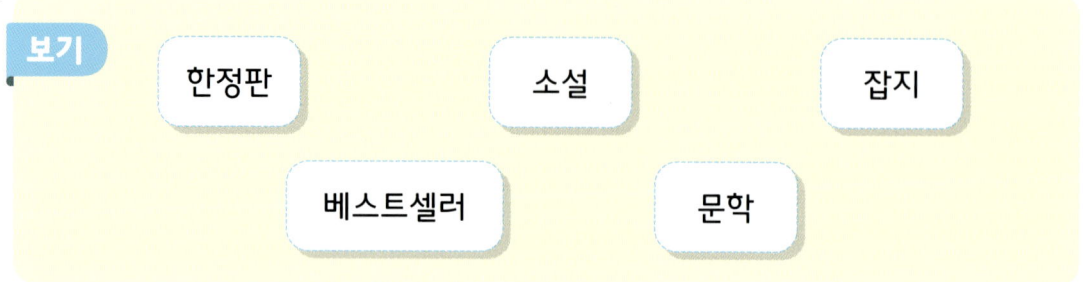

🔍 다음의 뜻을 가진 낱말을 보기에서 찾아 쓰세요.

① [　　　] : 가장 많이 팔린 물건

② [　　　] : 생각이나 느낌을 글로 나타낸 예술(시, 소설, 수필 등)

③ [　　　] : 어떤 이야기를 실제로 일어난 일처럼 꾸며서 쓴 글

④ [　　　] : 같은 이름으로 정해진 때에 펴내는 책

⑤ [　　　] : 수량을 제한하여 펴내는 도서나 음반 등

✏️ 다음 문장의 빈칸에 알맞은 낱말을 쓰세요.

⑥ 올해부터 어린이 [　　　]를 구독하고 있어요.

⑦ 멋진 동시다. 우리 딸이 [　　　]에 재능이 있네.

⑧ 이 [　　　]의 주인공은 누구인가요?

⑨ 이 신발은 월드컵 기념 [　　　] 운동화야.

⑩ 우리 책이 4주 연속 [　　　]가 되었답니다.

🎨 오늘 배운 표현을 58-59p 그림에서 찾아 색칠해 보세요.

3. 서점

함께 이야기해 봐요!

- 내가 재미있게 읽은 책 제목은 무엇인가요?
- 좋아하는 주인공을 그려보세요.

선생님의 질문을 듣고 찾아보세요. 힌트 그림을 보고 찾을 수 있어요.

찾아보기 / 질문

01	연필, 지우개, 공책을 사려고 해요. 무슨 코너로 갈까요?
02	책을 찾고 싶어요. 어디에서 검색할 수 있나요?
03	영어 공부를 하려고 해요. 무슨 코너로 갈까요?
04	책을 골랐어요. 계산하려면 어디로 가야 하나요?
05	어린이 책이 어디에 있는지 모르겠어요. 무엇을 봐야 알 수 있나요?

힌트

3. 서점

 표현 과제

 **말해보기** 사람들이 무엇을 하고 있는지 이야기해 보세요.

- 남자아이가 컴퓨터로 (사고 싶은) 책을 찾고 있어요.
- 직원이 책을 계산하고 있어요.
- 아저씨가 직원에게 카드를 주고 있어요.
- 엄마와 아이가 순서를 기다리고 있어요.
- 아저씨가 진열된 책을 보고 있어요.
- 언니가 책장에 책을 꽂고 있어요.
- 사람들이 서서 책을 읽고 있어요.
- 누나가 매장 안내도를 보고 있어요.
- 형이 직원과 이야기를 나누고 있어요.
- 엄마가 아이에게 책을 읽어주고 있어요.
- 형이 계단에 앉아서 책을 읽고 있어요.
- 쇼핑백을 든 할아버지가 화장실로 가고 있어요.

 62-63p 그림에서 사람들이 무엇을 하는지 한 번 더 말해보고 색칠해 보세요.

 생각해 보기 아래와 같이 감정추론, 문제해결, 결과예측 등 심화된 질문으로 확장해 보세요.

- 사고 싶은 책을 찾지 못할 때 서점 직원에게 뭐라고 말하면 될까요?

예시 답안 | 이 책이 어디에 있는지 못 찾겠어요. 도와주세요.

4. 놀이공원

66-87p

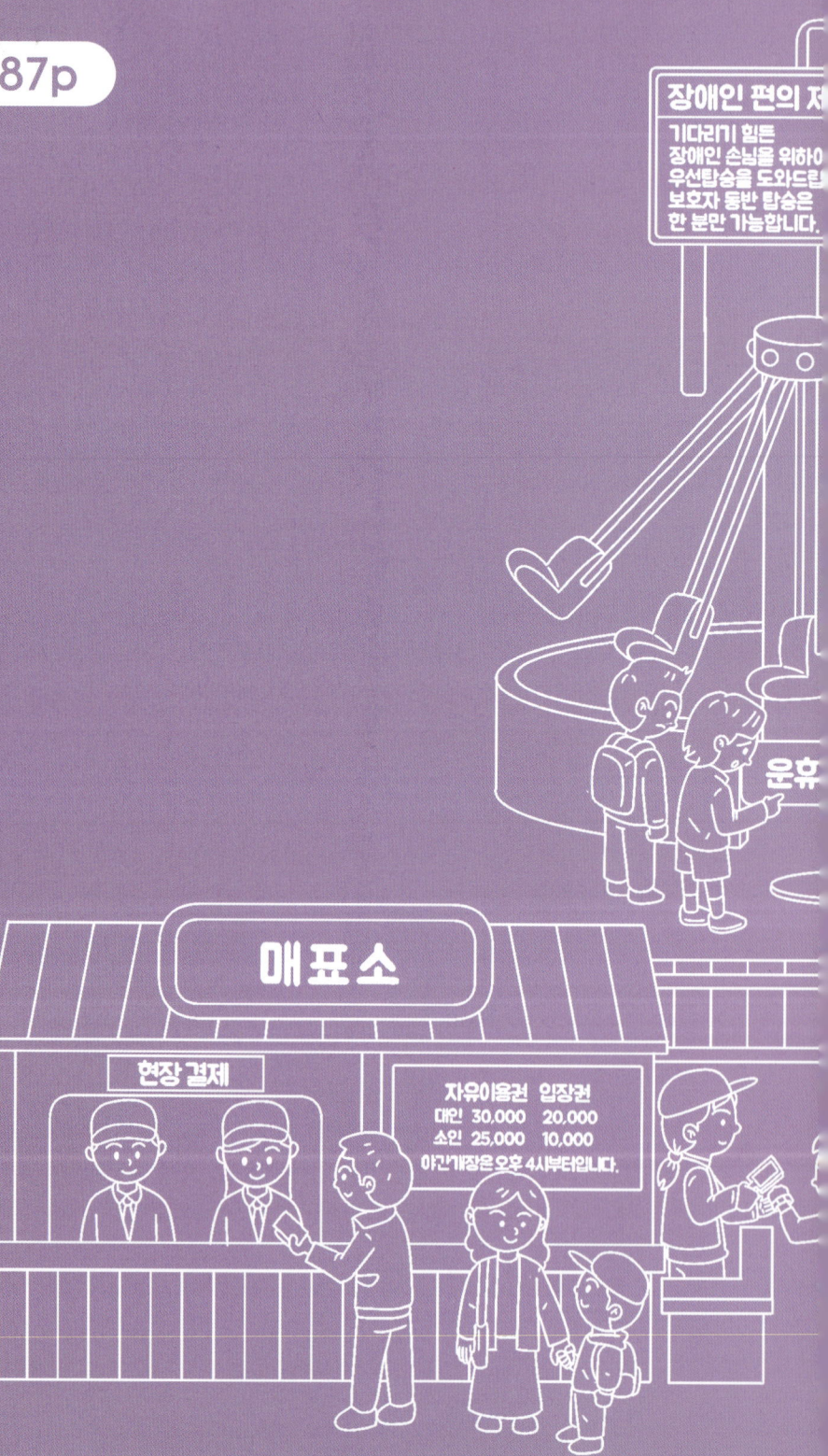

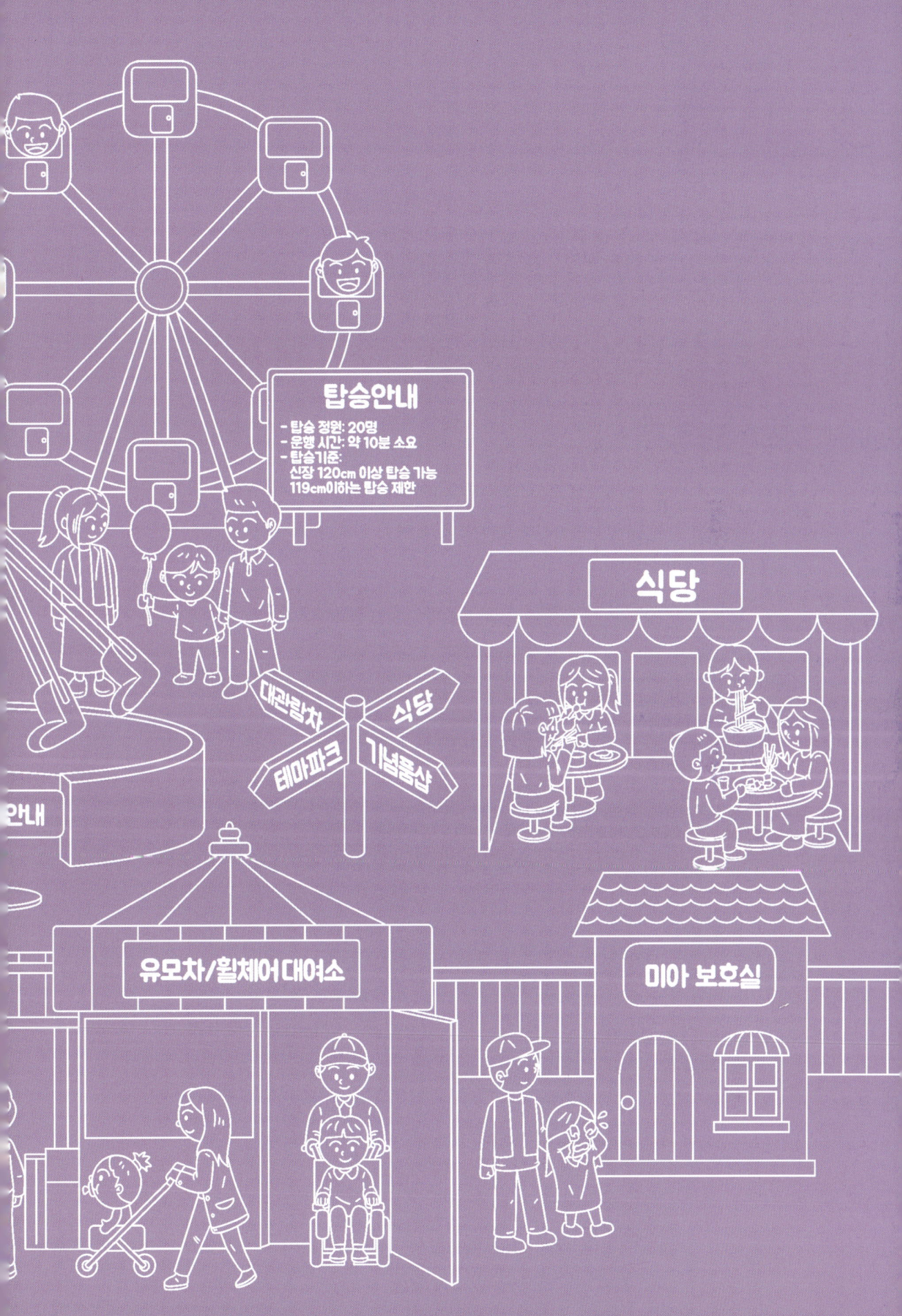

4. 놀이공원

이해 과제 **4-1**

다음의 뜻을 가진 낱말을 보기에서 찾아 쓰세요.

① ☐ : 필요할 때 쓸 수 있는 표

② ☐ : 간섭받지 않고 마음대로 행동하는 것

보기에서 적절한 낱말을 골라 덩어리 표현을 만들어보세요.

③ 어떤 놀이기구든 자유롭게 탈 수 있는 표

= ☐ ☐

다음 문장의 빈칸에 알맞은 낱말을 쓰세요.

④ 숙제 끝! 난 이제 ☐ 다.

⑤ 친구가 생일선물로 방방이 ☐ 을 줬어요.

오늘 배운 표현을 82-83p 그림에서 찾아 색칠해 보세요.

이해 과제 **4-2**

보기: 결제, 당일, 오늘, 현장, 카드, 장소, 예매

🔍 다음의 뜻을 가진 낱말을 보기에서 찾아 쓰세요.

① ▢ : 값을 치르는 것

② ▢ : 어떤 일이 실제로 이루어지는 곳

💬 보기에서 적절한 낱말을 골라 덩어리 표현을 만들어보세요.

③ 직접 그 장소에서 결제하는 것

= ▢ ▢

✏️ 다음 문장의 빈칸에 알맞은 낱말을 쓰세요.

④ 봄, 가을에 학교에서 ▢ 체험학습을 갑니다.

⑤ 손님, ▢ 는 앞쪽에서 부탁드립니다.

🖼️ 오늘 배운 표현을 82-83p 그림에서 찾아 색칠해 보세요.

이해 과제 4-3

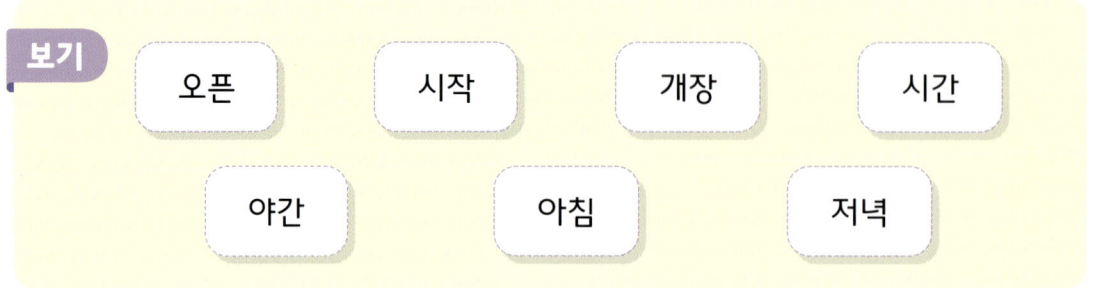

🔍 다음의 뜻을 가진 낱말을 보기에서 찾아 쓰세요.

① [　　　　] : 극장이나 시장, 해수욕장 같은 곳에서 문을 열고 하루 일을 시작하는 것

💬 보기에서 적절한 낱말을 골라 덩어리 표현을 만들어보세요.

② 밤 시간에도 놀이공원이 문을 열어요.

= [　　　] [　　　]

✏️ 다음 문장의 빈칸에 알맞은 낱말을 쓰세요.

③ 눈썰매장이 벌써 [　　　] 을 했어?

🖼️ 오늘 배운 표현을 82-83p 그림에서 찾아 색칠해 보세요.

이해 과제 **4-4**

🔍 다음의 뜻을 가진 낱말을 보기에서 찾아 쓰세요.

① [　　　] : 필요한 물건을 빌려주는 장소

💬 보기에서 적절한 낱말을 골라 덩어리 표현을 만들어보세요.

② 유모차(유아차)나 휠체어를 빌려줍니다.

= [　　　] [　　　] [　　　]

📝 다음 문장의 빈칸에 알맞은 낱말을 쓰세요.

③ 덕수궁에도 한복 [　　　] 가 있나요?

🖼️ 오늘 배운 표현을 82-83p 그림에서 찾아 색칠해 보세요.

이해 과제 4-5

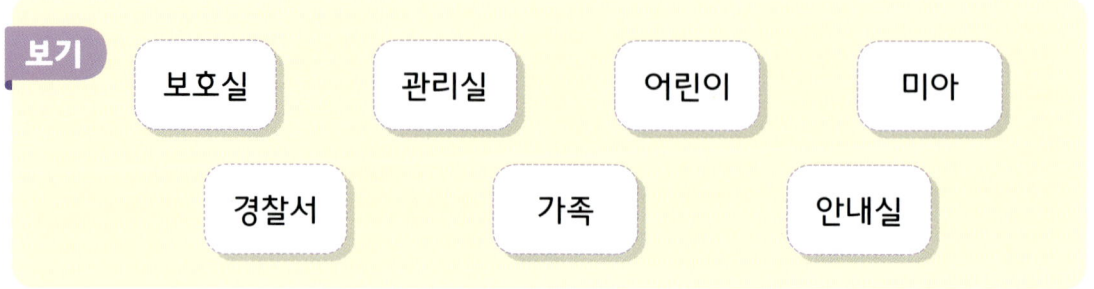

보기: 보호실, 관리실, 어린이, 미아, 경찰서, 가족, 안내실

🔍 다음의 뜻을 가진 낱말을 보기에서 찾아 쓰세요.

① ☐ : 길이나 부모를 잃은 아이

💬 보기에서 적절한 낱말을 골라 덩어리 표현을 만들어보세요.

② 길을 잃거나 가족을 잃어버린 아이를 보호해주고 가족을 찾도록 도와주는 곳

= ☐ ☐

✏️ 다음 문장의 빈칸에 알맞은 낱말을 쓰세요.

③ 내 동생은 아직 어려서 ☐ 방지 목걸이 했어요.

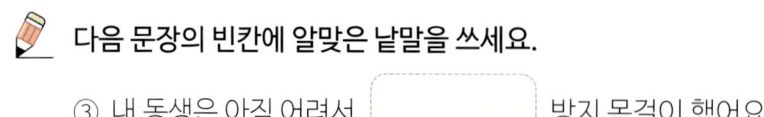

🖼️ 오늘 배운 표현을 82-83p 그림에서 찾아 색칠해 보세요.

이해 과제 **4-6**

🔍 다음의 뜻을 가진 낱말을 보기에서 찾아 쓰세요.

① [　　　　] : 기다리는 것

💬 보기에서 적절한 낱말을 골라 덩어리 표현을 만들어보세요.

② 지금부터 놀이기구를 탈 때까지 기다려야 하는 시간

= [　　　] [　　　] [　　　]

📝 다음 문장의 빈칸에 알맞은 낱말을 쓰세요.

③ 역시 맛집이네. 점심시간이라 [　　　　] 가 길구나.

🖼️ 오늘 배운 표현을 82-83p 그림에서 찾아 색칠해 보세요.

이해 과제 4-7

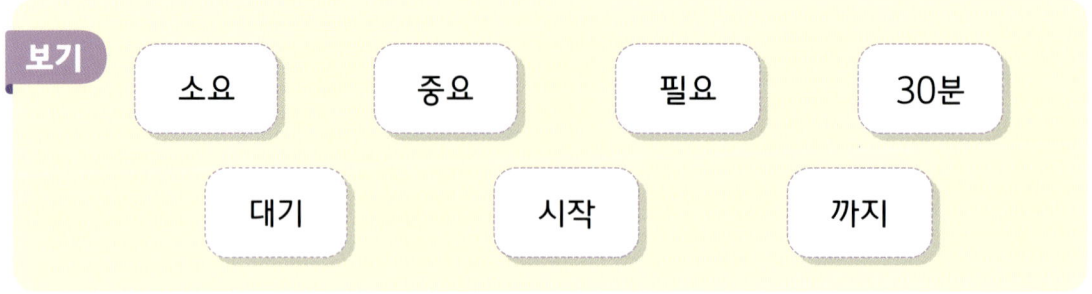

🔍 다음의 뜻을 가진 낱말을 보기에서 찾아 쓰세요.

① [　　　　] : 어떤 일을 하는 데 필요한 것

💬 보기에서 적절한 낱말을 골라 덩어리 표현을 만들어보세요.

② 30분 정도의 시간이 걸려요.

= [　　　　] [　　　　]

📝 다음 문장의 빈칸에 알맞은 낱말을 쓰세요.

③ 차가 많이 막힌다. 벌써 1시간이나 [　　　　] 됐어.

🖼️ 오늘 배운 표현을 82-83p 그림에서 찾아 색칠해 보세요.

이해 과제 **4-8**

🔍 다음의 뜻을 가진 낱말을 보기에서 찾아 쓰세요.

① ☐ : 여럿이 함께 쓰는 것

② ☐ : 교통기관이 운행을 멈추거나 쉬는 것

💬 보기에서 적절한 낱말을 골라 덩어리 표현을 만들어보세요.

③ 운행을 하지 않는 놀이기구를 알려줍니다.

= ☐ ☐ ☐

✏️ 다음 문장의 빈칸에 알맞은 낱말을 쓰세요.

④ 강력한 태풍으로 케이블카 ☐ 를 알려드립니다.

⑤ 학교 ☐ 은 학생 모두의 것입니다. 소중히 다룹시다.

🎨 오늘 배운 표현을 82-83p 그림에서 찾아 색칠해 보세요.

이해 과제 4-9

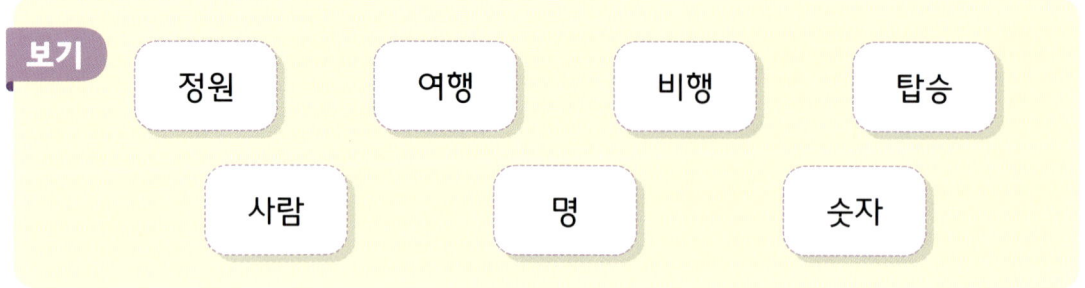

🔍 다음의 뜻을 가진 낱말을 보기에서 찾아 쓰세요.

① _____ : 정해진 사람 수

💬 보기에서 적절한 낱말을 골라 덩어리 표현을 만들어보세요.

② 어떤 놀이기구에 한 번에 탈 수 있도록 정해진 사람의 수

= _____ _____

✏️ 다음 문장의 빈칸에 알맞은 낱말을 쓰세요.

③ 이 엘리베이터는 _____ 이 20명입니다.

🖼️ 오늘 배운 표현을 82-83p 그림에서 찾아 색칠해 보세요.

이해 과제 4-10

🔍 다음의 뜻을 가진 낱말을 보기에서 찾아 쓰세요.

① ☐ : 정해진 길을 따라 차량 등을 운전하여 다니는 것

💬 보기에서 적절한 낱말을 골라 덩어리 표현을 만들어보세요.

③ 놀이기구를 타서 내릴 때까지 걸리는 시간

= ☐ ☐

✏️ 다음 문장의 빈칸에 알맞은 낱말을 쓰세요.

④ 3월부터 통학버스를 ☐ 합니다.

🖼️ 오늘 배운 표현을 82-83p 그림에서 찾아 색칠해 보세요.

이해 과제 4-11

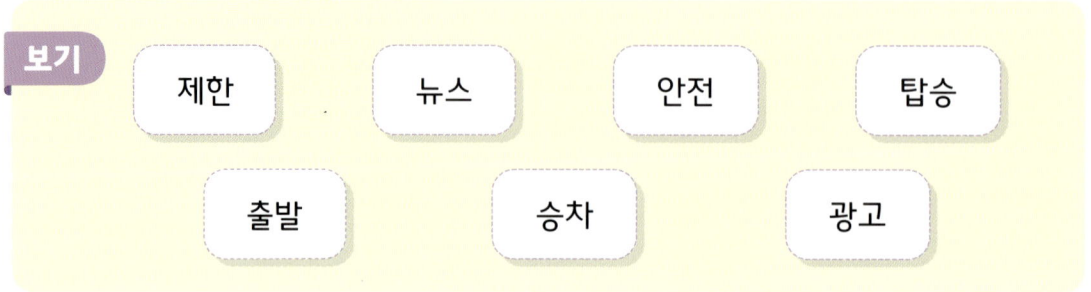

보기: 제한, 뉴스, 안전, 탑승, 출발, 승차, 광고

🔍 다음의 뜻을 가진 낱말을 보기에서 찾아 쓰세요.

① [ ] : 정해진 양이나 정도를 넘지 않는 것

💬 보기에서 적절한 낱말을 골라 덩어리 표현을 만들어보세요.

② 이 놀이기구를 탈 수 있는 안전과 관련된 기준(예: 키, 연령 등)을 안내함.

= [ ] [ ]

✏️ 다음 문장의 빈칸에 알맞은 낱말을 쓰세요.

③ 장마 기간에는 등산이 [ ] 됩니다.

🖼️ 오늘 배운 표현을 82-83p 그림에서 찾아 색칠해 보세요.

이해 과제 4-12

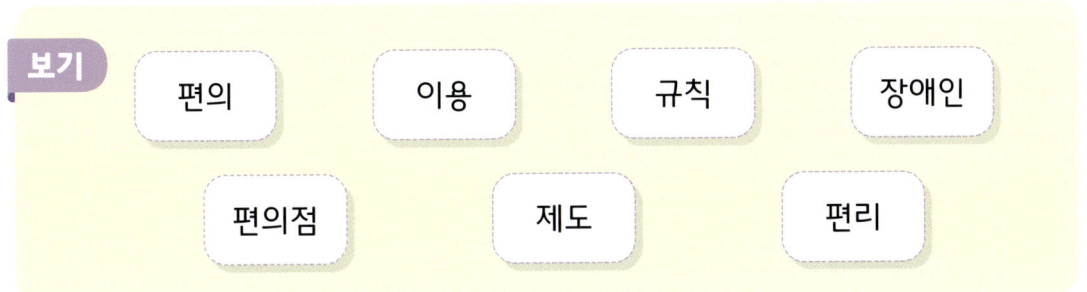

🔍 다음의 뜻을 가진 낱말을 보기에서 찾아 쓰세요.

① [　　　　] : 일의 형식이나 방법

② [　　　　] : 어떤 일을 하기 편한 것

💬 보기에서 적절한 낱말을 골라 덩어리 표현을 만들어보세요.

③ 장애인이 편리하게 사용할 수 있도록 배려해주는 서비스

= [　　　] [　　　] [　　　]

✏️ 다음 문장의 빈칸에 알맞은 낱말을 쓰세요.

④ 집 앞 상가에 큰 [　　　] 점이 들어온대요.

⑤ 우리나라는 학교 급식 [　　　] 가 참 좋아!

🖼️ 오늘 배운 표현을 82-83p 그림에서 찾아 색칠해 보세요.

이해 과제 **4-13**

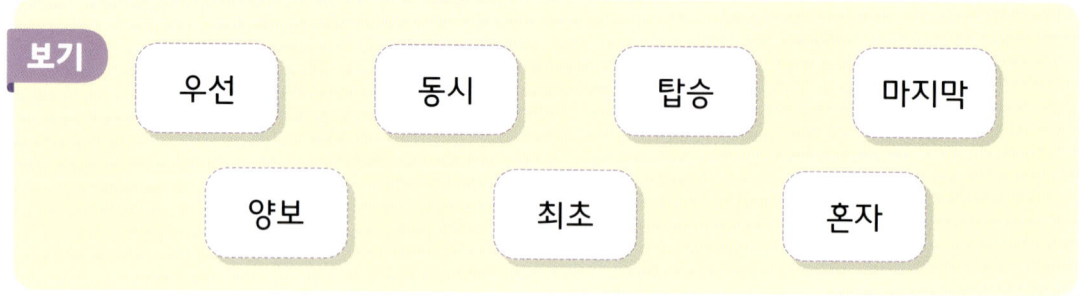

🔍 다음의 뜻을 가진 낱말을 보기에서 찾아 쓰세요.

① [　　　　] : 다른 일에 앞서, 앞서서 먼저

💬 보기에서 적절한 낱말을 골라 덩어리 표현을 만들어보세요.

② 기다리지 않고 다른 사람들보다 앞서서 먼저 탑승하는 것

= [　　　　] [　　　　]

✏️ 다음 문장의 빈칸에 알맞은 낱말을 쓰세요.

③ 할 일이 너무 많아. 우리 [　　　　] 순위를 정하자.

🖼️ 오늘 배운 표현을 82-83p 그림에서 찾아 색칠해 보세요.

이해 과제 **4-14**

🔍 다음의 뜻을 가진 낱말을 보기에서 찾아 쓰세요.

① ☐ : 어떤 사람을 보호할 책임이 있는 사람

② ☐ : 어떤 곳에 함께 가거나 어떤 일을 함께하는 것

💬 보기에서 적절한 낱말을 골라 덩어리 표현을 만들어보세요.

③ 보호자가 함께 탈 수 있어요.

=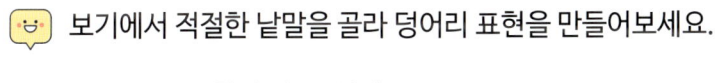

✏️ 다음 문장의 빈칸에 알맞은 낱말을 쓰세요.

④ 부모님은 부부 ☐ 모임에 가셨어요.

⑤ 검사실에는 환자만 들어오고, ☐ 는 밖에서 기다려주세요.

🖼️ 오늘 배운 표현을 82-83p 그림에서 찾아 색칠해 보세요.

이해 과제 4-15

보기: 입장권, 매표, 대인, 매표소, 소인

🔍 다음의 뜻을 가진 낱말을 보기에서 찾아 쓰세요.

① [　　　] : 차표나 입장권 따위의 표를 파는 곳
② [　　　] : 차표나 입장권 따위의 표를 팔거나 사는 것
③ [　　　] : 어떤 곳에 들어가는 데 필요한 표
④ [　　　] : 어른
⑤ [　　　] : 초등학생 정도의 나이가 어린 사람

✏️ 다음 문장의 빈칸에 알맞은 낱말을 쓰세요.

⑥ 엄마와 아빠는 [　　　], 나는 [　　　] 요금이에요.
⑦ 인기 공연답네. [　　　]가 시작된 지 10분 만에 마감이래.
⑧ 이른 아침부터 많은 사람들이 [　　　]에 줄을 서 있어요.
⑨ 경복궁 [　　　] 요금이 얼마인가요?

🖼️ 오늘 배운 표현을 82-83p 그림에서 찾아 색칠해 보세요.

이해 과제 4-16

🔍 다음의 뜻을 가진 낱말을 보기에서 찾아 쓰세요.

① [　　　] : 응급 환자나 가벼운 부상자들을 진찰·치료하기 위한 시설

② [　　　] : 의료에 관한 일이나 의사로서의 일

③ [　　　] : 키

④ [　　　] : 몸에 가지고 있는 물건

⑤ [　　　] : 아래로 떨어지는 것

⑥ [　　　] : 어떤 주제를 정해서 사람들이 즐길 수 있도록 만든 공간

✏️ 다음 문장의 빈칸에 알맞은 낱말을 쓰세요.

⑦ 내 키는 평균 [　　　] 보다 조금 작다.

⑧ 스키장 [　　　] 시설에서 간단한 치료를 할 수 있어요.

⑨ 전투기 조종사가 [　　　] 산을 매고 탈출했어요.

⑩ 바이킹을 탔더니 너무 어지러워. [　　　] 에서 약을 받아야겠어.

⑪ 중요한 [　　　] 을 잃어버렸어요.

⑫ 우리 아들은 당연히 게임 [　　　] 지!

🎨 오늘 배운 표현을 82-83p 그림에서 찾아 색칠해 보세요.

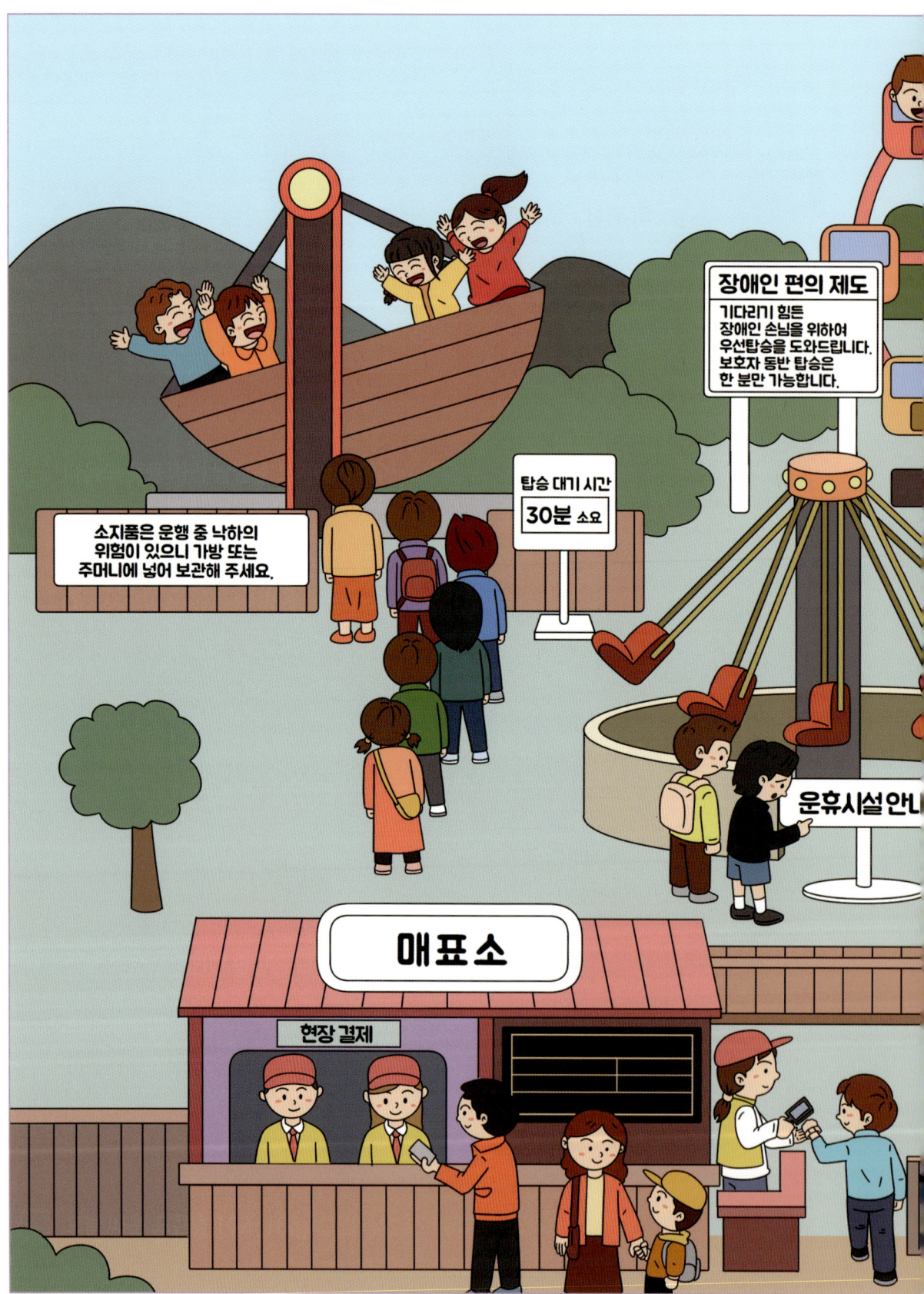

4. 놀이공원

선생님의 질문을 듣고 찾아보세요. 힌트 그림을 보고 찾을 수 있어요.

찾아보기 / 질문

01	놀이공원 입장권은 어디에서 살 수 있나요?
02	놀이공원에서 넘어져서 다쳤어요. 어디에서 치료할 수 있나요?
03	놀이공원 경치를 보려면 무엇을 타야 할까요?
04	놀이공원에 들어갈 때 직원이 팔목에 무엇을 채워주나요?
05	놀이공원 굿즈를 어디에서 살 수 있나요?

힌트

4. 놀이공원

 표현 과제

 **말해보기**   사람들이 무엇을 하고 있는지 이야기해 보세요.

- 여자아이가 울고 있어요.
- 아이가 풍선을 들고 있어요.
- 엄마와 아빠가 활짝 웃고 있어요.
- 아저씨가 매표소에서 표를 사고 있어요.
- 남자아이가 무릎을 다쳐서 아파하고 있어요.
- 사람들이 놀이기구를 타려고 줄을 서고 있어요.
- 엄마가 유모차(유아차)를 빌려서 아이를 태웠어요.
- 사람들이 바이킹을 타면서 손을 위로 올리고 있어요.
- 직원이 휠체어를 밀어주고 있어요.
- 사람들이 식당에서 밥을 먹고 있어요.
- 사람들이 대관람차를 타고 있어요.
- 형이 입장권 팔찌를 보여주고 있어요.

 96-97p 그림에서 사람들이 무엇을 하는지 한 번 더 말해보고 색칠해 보세요.

 생각해 보기   아래와 같이 간접추론, 문제해결, 결과예측 등 심화된 질문으로 확장해 보세요.

- 놀이공원에서 길을 잃지 않으려면 어떻게 할까요?

예시 답안 | 엄마, 아빠 손을 꼭 잡고 다녀요. / 엄마, 아빠랑 잠시 떨어지면 그 자리에서 엄마 아빠를 기다려요.

- 타고 싶은 놀이기구가 운행하지 않아요. 어떤 기분이 들까요?

예시 답안 | 속상해요. / 아쉬워요.

5. 마트

90-107p

5. 마트

이해 과제 5-1

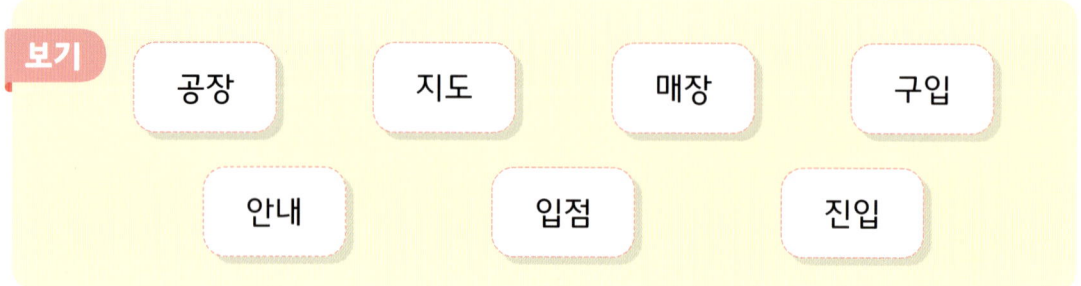

🔍 다음의 뜻을 가진 낱말을 보기에서 찾아 쓰세요.

① [ ] : 상가나 건물에 가게가 새로 들어옵니다.

② [ ] : 물건을 파는 곳

💬 보기에서 적절한 낱말을 골라 덩어리 표현을 만들어보세요.

③ 상가에 들어와 있는 매장을 알려줍니다.

= [ ] [ ] [ ]

✏️ 다음 문장의 빈칸에 알맞은 낱말을 쓰세요.

④ 백화점이 너무 넓다. 장난감 [ ] 을 찾을 수 없네.

⑤ 우리집 앞 새 건물에 무인 문구점이 [ ] 했대.

🖼️ 오늘 배운 표현을 102-103p 그림에서 찾아 색칠해 보세요.

이해 과제 5-2

보기

이득   팔수록   무료   담을수록

판매   손해   저축

🔍 다음의 뜻을 가진 낱말을 보기에서 찾아 쓰세요.

① [　　　] : 이익을 얻는 것

💬 보기에서 적절한 낱말을 골라 덩어리 표현을 만들어보세요.

② 물건을 많이 살수록 이익이 있어요.

= [　　　] [　　　]

✏️ 다음 문장의 빈칸에 알맞은 낱말을 쓰세요.

③ 사과맛 젤리를 샀는데 포도맛 젤리를 공짜로 주다니 [　　　] 이다.

🖼️ 오늘 배운 표현을 102-103p 그림에서 찾아 색칠해 보세요.

이해 과제 5-3

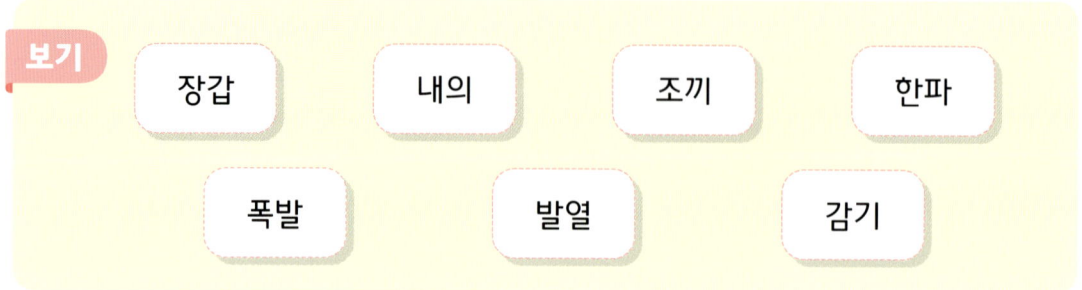

다음의 뜻을 가진 낱말을 보기에서 찾아 쓰세요.

① _____ : 속옷

② _____ : 열을 내는 것

보기에서 적절한 낱말을 골라 덩어리 표현을 만들어보세요.

③ 열을 내어 몸을 따뜻하게 해주는 속옷

= _____ _____

다음 문장의 빈칸에 알맞은 낱말을 쓰세요.

④ 형은 안 추워? 겨울에도 _____ 를 안 입다니!

⑤ 폭설이 내려서 _____ 신발을 신었더니 발이 따뜻해.

오늘 배운 표현을 102-103p 그림에서 찾아 색칠해 보세요.

이해 과제 5-4

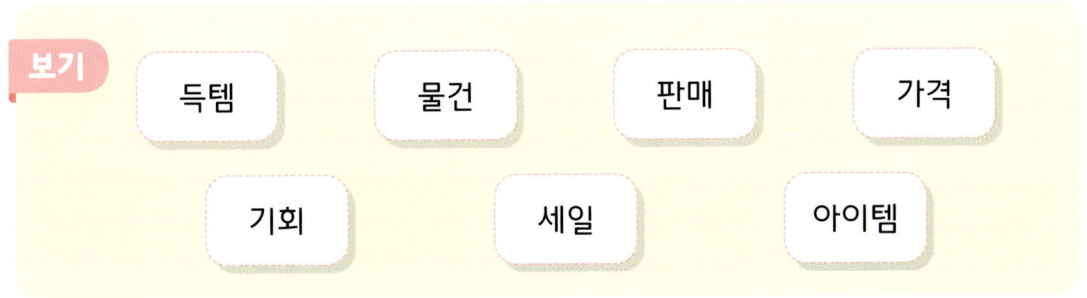

🔍 다음의 뜻을 가진 낱말을 보기에서 찾아 쓰세요.

① ☐ : 어떤 일을 하기에 알맞은 때

② ☐ : 가치 있는 물건을 갖게 되었을 때 쓰는 말, 아이템을 얻는 것

💬 보기에서 적절한 낱말을 골라 덩어리 표현을 만들어보세요.

③ 필요한 물건을 살 수 있는 좋은 기회

= ☐ ☐

✏️ 다음 문장의 빈칸에 알맞은 낱말을 쓰세요.

④ 아싸! 드디어 이 게임에서 ☐ 성공!

⑤ 수업 시간에 발표할 ☐ 가 많을 거예요.

🎨 오늘 배운 표현을 102-103p 그림에서 찾아 색칠해 보세요.

이해 과제 5-5

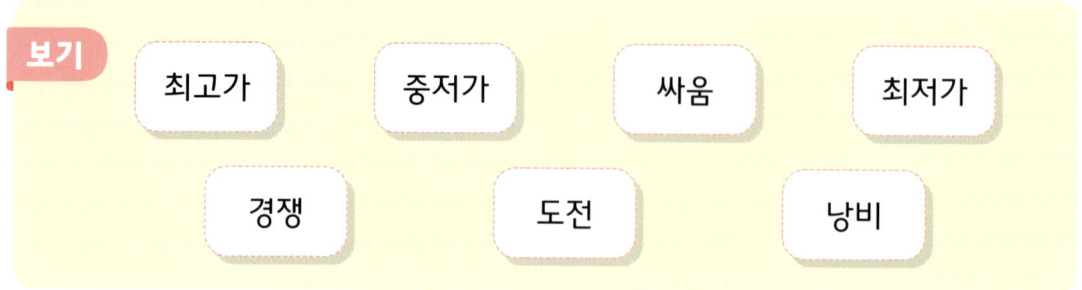

🔍 다음의 뜻을 가진 낱말을 보기에서 찾아 쓰세요.

① ☐ : 어렵고 이루기 힘든 일에 용감하게 뛰어드는 것

② ☐ : 가장 싼 가격

💬 보기에서 적절한 낱말을 골라 덩어리 표현을 만들어보세요.

③ 다른 가게보다 우리 가게의 가격이 더 싸요.

= ☐ ☐

✏️ 다음 문장의 빈칸에 알맞은 낱말을 쓰세요.

④ 이번에 줄넘기 신기록에 ☐ 할 거야.

⑤ 할인 기간에 피규어를 ☐ 로 샀다.

🎨 오늘 배운 표현을 102-103p 그림에서 찾아 색칠해 보세요.

이해 과제 5-6

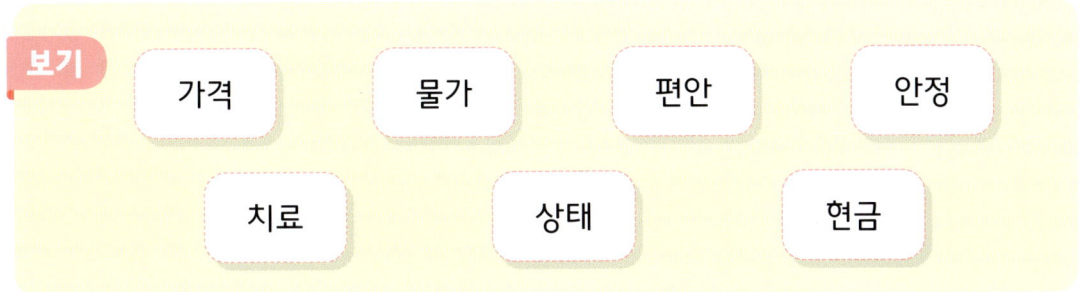

🔍 다음의 뜻을 가진 낱말을 보기에서 찾아 쓰세요.

① _____ : 달라지지 않고 일정한 상태를 유지하는 것

② _____ : 여러 가지 물건 값의 평균값

💬 보기에서 적절한 낱말을 골라 덩어리 표현을 만들어보세요.

③ 물건 값의 변동이 심하지 않고 안정된 상태

 = _____ _____

✏️ 다음 문장의 빈칸에 알맞은 낱말을 쓰세요.

④ 최근 _____ 가 너무 많이 올랐네요.

⑤ 아픈 사람은 _____ 이 필요합니다.

🖼️ 오늘 배운 표현을 102-103p 그림에서 찾아 색칠해 보세요.

이해 과제

이해 과제 5-7

🔍 다음의 뜻을 가진 낱말을 보기에서 찾아 쓰세요.

① ☐ : 정해진 값보다 싸게 깎아주는 것

② ☐ : 하던 일을 마무리하는 것

💬 보기에서 적절한 낱말을 골라 덩어리 표현을 만들어보세요.

③ 정해진 기간이 끝날 즈음 물건을 싸게 파는 것

= ☐ ☐

✏️ 다음 문장의 빈칸에 알맞은 낱말을 쓰세요.

④ 내일부터 백화점 ☐ 기간입니다.

⑤ 서둘러. 한자급수시험 신청 ☐ 이 오늘까지래.

🎨 오늘 배운 표현을 102-103p 그림에서 찾아 색칠해 보세요.

5. 마트

이해 과제 5-8

🔍 다음의 뜻을 가진 낱말을 보기에서 찾아 쓰세요.

① _____ : (영어) 원래 가격보다 싸게 판매하는 것

② _____ : 사람을 죽이거나 건물을 파괴하기 위한 폭발물
 (비유적 의미: 예상을 크게 뛰어넘는 수준이나 정도)

💬 보기에서 적절한 낱말을 골라 덩어리 표현을 만들어보세요.

③ 물건을 매우 싸게 팔아버리는 것

 = _____ _____

✏️ 다음 문장의 빈칸에 알맞은 낱말을 쓰세요.

④ 전쟁 영화에서 전투기가 수백 개의 _____ 을 떨어뜨렸어요.

⑤ 가격이 너무 비싸. _____ 할 때 살 걸 그랬어.

⑥ 휴, 시험이 끝나자마자 숙제 _____ 이네.

🖼️ 오늘 배운 표현을 102-103p 그림에서 찾아 색칠해 보세요.

이해 과제 5-9

보기: 원거리, 우편, 근거리, 이동, 배송, 이사, 로켓

🔍 다음의 뜻을 가진 낱말을 보기에서 찾아 쓰세요.

① [　　　] : 물건을 이리저리 배달하는 것

② [　　　] : 가까운 거리

💬 보기에서 적절한 낱말을 골라 덩어리 표현을 만들어보세요.

③ 가까운 곳에 물건을 배달해주는 것

＝ [　　　] [　　　]

✏️ 다음 문장의 빈칸에 알맞은 낱말을 쓰세요.

④ 택배가 새벽에 [　　　] 된다고 해요.

⑤ 우리 학교는 집에서 [　　　] 에 있습니다.

🎨 오늘 배운 표현을 102-103p 그림에서 찾아 색칠해 보세요.

이해 과제 **5-10**

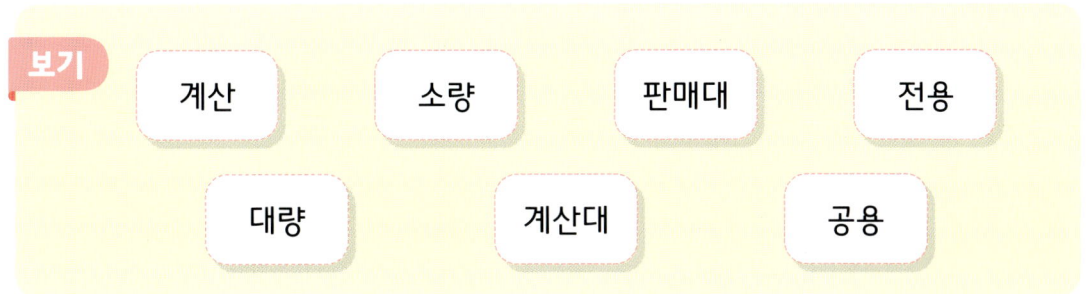

🔍 다음의 뜻을 가진 낱말을 보기에서 찾아 쓰세요.

① [　　　] : 값을 치르는 것

② [　　　] : 적은 양

③ [　　　] : 가게나 음식점에서 값을 치르는 곳 (비슷한 말 : 카운터)

④ [　　　] : 정해진 사람이나 대상만 쓰는 것

💬 보기에서 적절한 낱말을 골라 덩어리 표현을 만들어보세요.

⑤ 적은 양만 사는 손님이 이용할 수 있는 계산대

= [　　　] [　　　] [　　　]

✏️ 다음 문장의 빈칸에 알맞은 낱말을 쓰세요.

⑥ 손님, 물건은 [　　　] 에 올려주세요.

⑦ 이 밥그릇은 우리 집 강아지 [　　　] 이야.

⑧ 양이 너무 많은데 [　　　] 만 살 수 있나요?

⑨ [　　　] 이 끝난 물건은 장바구니에 넣어 주세요.

🎨 오늘 배운 표현을 102-103p 그림에서 찾아 색칠해 보세요.

이해 과제

이해 과제 5-11

🔍 다음의 뜻을 가진 낱말을 보기에서 찾아 쓰세요.

① ☐ : 가게가 문을 열지 않고 쉬는 날

② ☐ : 양이나 정도가 일정한 기준보다 더 적거나 모자라는 것

③ ☐ : 가게가 어떤 기간 동안 쉬는 것

✏️ 다음 문장의 빈칸에 알맞은 낱말을 쓰세요.

④ 새해 첫날은 백화점 ☐ 입니다.

⑤ 여름 휴가로 일주일 동안 ☐ 합니다.

⑥ 이 놀이터는 7세 ☐ 의 어린이만 이용할 수 있어요.

🖼️ 오늘 배운 표현을 102-103p 그림에서 찾아 색칠해 보세요.

함께 이야기해 봐요!

- 마트에서 자주 사는 물건은 무엇인가요?
- 마트에서 사고 싶은 물건은 무엇인가요?

선생님의 질문을 듣고 찾아보세요. 힌트 그림을 보고 찾을 수 있어요.

찾아보기 / 질문

01	새로 산 장난감이 작동을 안 해요. 어디로 가야 할까요?
02	음식을 사지 않아도 맛볼 수 있는 곳은 어디인가요?
03	삼겹살은 어디서 살 수 있나요?
04	날씨가 너무 추워요. 겉옷 안에 무엇을 입을까요?
05	사고 싶은 물건을 담으려면 무엇이 필요한가요?

힌트

5. 마트

 표현 과제

말해보기
사람들이 무엇을 하고 있는지 이야기해 보세요.

- 사람들이 속옷을 구경하고 있어요.
- 아줌마가 인상을 찌푸리고 있어요.
- 손님이 빵을 고르고 있어요.
- 사람들이 쇼핑하고 있어요.
- 직원이 밀대로 바닥을 닦고 있어요.
- 직원이 계산대에서 계산하고 있어요.
- 손님이 계산하려고 기다리고 있어요.
- 아저씨가 쇼핑카트에서 물건을 꺼내고 있어요.
- 할머니가 장바구니에 물건을 담고 있어요.
- 고객센터 직원이 손님에게 설명하고 있어요.
- 아이가 장난감을 사달라고 떼쓰고 있어요.
- 직원이 진열대에 물건을 정리하고 있어요.

 106-107p 그림에서 사람들이 무엇을 하는지 한 번 더 말해보고 색칠해 보세요.

생각해 보기
아래와 같이 감정추론, 문제해결, 결과예측 등 심화된 질문으로 확장해 보세요.

- 직원은 왜 밀대로 바닥을 닦고 있을까요?

예시 답안 | 아이가 바닥에 물을 흘려서.

- 엄마와 아이는 기분이 어떨까요?

예시 답안 | 미안한 마음이 들어요.

- 아이는 직원에게 어떻게 말해야 할까요?

예시 답안 | 죄송합니다.

5. 마트

6. 영화관

110-123p

6. 영화관

이해 과제 6-1

보기: 입력, 티켓, 출력, 복사, 예매, 구매, 차례

🔍 다음의 뜻을 가진 낱말을 보기에서 찾아 쓰세요.

① [　　　] : 입장권이나 승차권 같은 표
② [　　　] : 물건을 사는 것
③ [　　　] : 물건, 기차표, 극장표를 미리 사두는 것
④ [　　　] : 종이로 인쇄하는 것

💬 보기에서 적절한 낱말을 골라 덩어리 표현을 만들어보세요.

⑤ 미리 예매한 영화표를 종이로 뽑아요. = [　　　] [　　　] [　　　]
⑥ 영화표를 사요. = [　　　] [　　　]

✏️ 다음 문장의 빈칸에 알맞은 낱말을 쓰세요.

⑦ 프린터로 현장학습 신청서를 [　　　] 할게요.
⑧ [　　　] 은 온라인으로도 구매할 수 있습니다.
⑨ 물건이 마음에 드셨다면, [　　　] 확정을 눌러주세요.
⑩ 설 연휴 기차표를 미리 [　　　] 했어요.

🖼️ 오늘 배운 표현을 118-119p 그림에서 찾아 색칠해 보세요.

이해 과제 6-2

🔍 다음의 뜻을 가진 낱말을 보기에서 찾아 쓰세요.

① [ ] : 서로 관계가 있는 것

② [ ] : 차이를 두어 구분하는 것

💬 보기에서 적절한 낱말을 골라 덩어리 표현을 만들어보세요.

③ 등급에 따라 영화를 볼 수 있는 나이를 안내해요.

= [ ] [ ] [ ] [ ]

✏️ 다음 문장의 빈칸에 알맞은 낱말을 쓰세요.

④ 우리 식당은 1[ ] 한우만 사용합니다.

⑤ 나는 그 일과 전혀 [ ] 이 없어.

🎨 오늘 배운 표현을 118-119p 그림에서 찾아 색칠해 보세요.

이해 과제 6-3

보기: 관람, 시청, 청소년, 가능, 불가, 전체, 영화

🔍 다음의 뜻을 가진 낱말을 보기에서 찾아 쓰세요.

① _____ : 전부, 몽땅, 모두

② _____ : 어떤 일을 할 수 없는 것

③ _____ : 공연, 영화, 그림, 경기 들을 구경하는 것

💬 보기에서 적절한 낱말을 골라 덩어리 표현을 만들어보세요.

④ 청소년(18세 미만)은 관람할 수 없는 = 18세 미만 _____ _____ _____
  영화나 연극

⑤ 15세부터 볼 수 있는 영화 = 15세 이상 _____ _____

⑥ 12세부터 볼 수 있는 영화 = 12세 이상 _____ _____

⑦ 모두가 볼 수 있는 영화 = All _____ _____ _____

✏️ 다음 문장의 빈칸에 알맞은 낱말을 쓰세요.

⑧ 나도 아이돌 콘서트를 _____ 하고 싶은데.

⑨ 이곳은 주차 _____ 구역입니다.

⑩ 한 명도 빠짐없이 3학년 _____ 가 체육대회에 참석했다.

🖼️ 오늘 배운 표현을 118-119p 그림에서 찾아 색칠해 보세요.

이해 과제 6-4

보기: 예정, 시간, 시계, 채널, 상영, 시간표, 예정작

🔍 다음의 뜻을 가진 낱말을 보기에서 찾아 쓰세요.

① [　　　] : 영화관에서 관객에게 영화를 보여주는 것

② [　　　] : 앞으로 할 일을 미리 정하는 것

💬 보기에서 적절한 낱말을 골라 덩어리 표현을 만들어보세요.

③ 영화를 상영하는 시간을 알려주는 표 = [　　　] [　　　]

④ 영화가 시작되는 시간 = [　　　] [　　　]

⑤ 앞으로 상영될 영화 = [　　　] [　　　]

✏️ 다음 문장의 빈칸에 알맞은 낱말을 쓰세요.

⑥ 우리 선생님은 5월에 결혼할 [　　　]이다.

⑦ 이 영화는 [　　　] 시간이 너무 길다.

🖼️ 오늘 배운 표현을 118-119p 그림에서 찾아 색칠해 보세요.

이해 과제 6-5

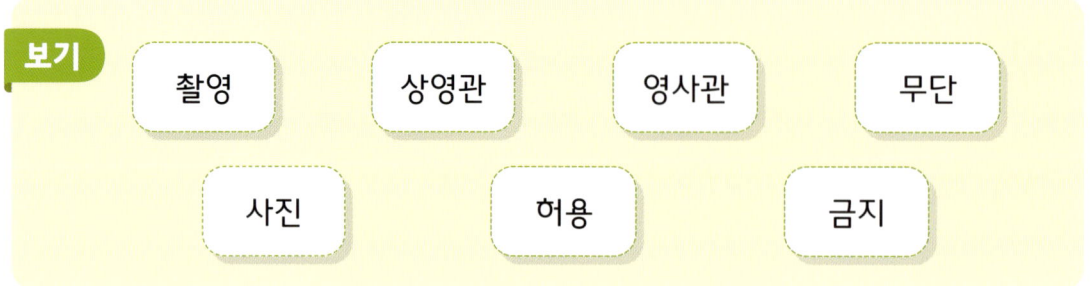

🔍 다음의 뜻을 가진 낱말을 보기에서 찾아 쓰세요.

① _____ : 하지 못하도록 하는 것

② _____ : 미리 허락받지 않고 제멋대로 하는 것

③ _____ : 사람, 물건, 경치 같은 것을 사진이나 영화로 찍는 것

💬 보기에서 적절한 낱말을 골라 덩어리 표현을 만들어보세요.

④ 상영관에서는 몰래 촬영하면 안 돼요.

= _____ 내 _____ _____ _____

📝 다음 문장의 빈칸에 알맞은 낱말을 쓰세요.

⑤ 아무 말 없이 _____ 으로 결석하면 안 된다.

⑥ 운전 중에는 휴대폰 사용을 _____ 합니다.

⑦ 우리 언니는 내일 졸업식 사진 _____ 을 한다.

🖼️ 오늘 배운 표현을 118-119p 그림에서 찾아 색칠해 보세요.

이해 과제 6-6

🔍 다음의 뜻을 가진 낱말을 보기에서 찾아 쓰세요.

① ☐ : 위험한 일이 일어났을 때 빨리 나갈 수 있게 만들어놓은 문

② ☐ : 예상하지 못한 아주 급한 일

③ ☐ : 관객들에게 영화를 보여주는 공간

④ ☐ : 남아 있는 자리

✏️ 다음 문장의 빈칸에 알맞은 낱말을 쓰세요.

⑤ 여행 갈 때는 ☐ 약을 꼭 챙기세요.

⑥ 명절이라 기차 ☐ 이 없대.

⑦ ☐ 이 5관이라는데 못 찾겠어요. 어디로 가야 하죠?

⑧ 지진 발생 시 ☐ 를 찾아 대피하세요.

🖼️ 오늘 배운 표현을 118-119p 그림에서 찾아 색칠해 보세요.

이해 과제 6-7

🔍 다음의 뜻을 가진 낱말을 보기에서 찾아 쓰세요.

① [　　　] : 영화관에서 새 영화를 처음으로 상영하는 것

② [　　　] : 여러 극장에서 동시에 새 영화를 처음으로 상영하는 것

③ [　　　] : 입장권이나 차표가 모두 팔리는 것

✏️ 다음 문장의 빈칸에 알맞은 낱말을 쓰세요.

④ 여름방학을 맞아 전국에 동시 [　　　] 합니다!

⑤ 기다렸던 영화가 드디어 [　　　] 한다!

⑥ 7월은 제주도행 비행기표가 [　　　] 이래.

🖼️ 오늘 배운 표현을 118-119p 그림에서 찾아 색칠해 보세요.

함께 이야기해 봐요!

- 영화관에서 자주 먹는 간식은 무엇인가요?
- 내가 좋아하는 영화 속 주인공은 누구인가요?

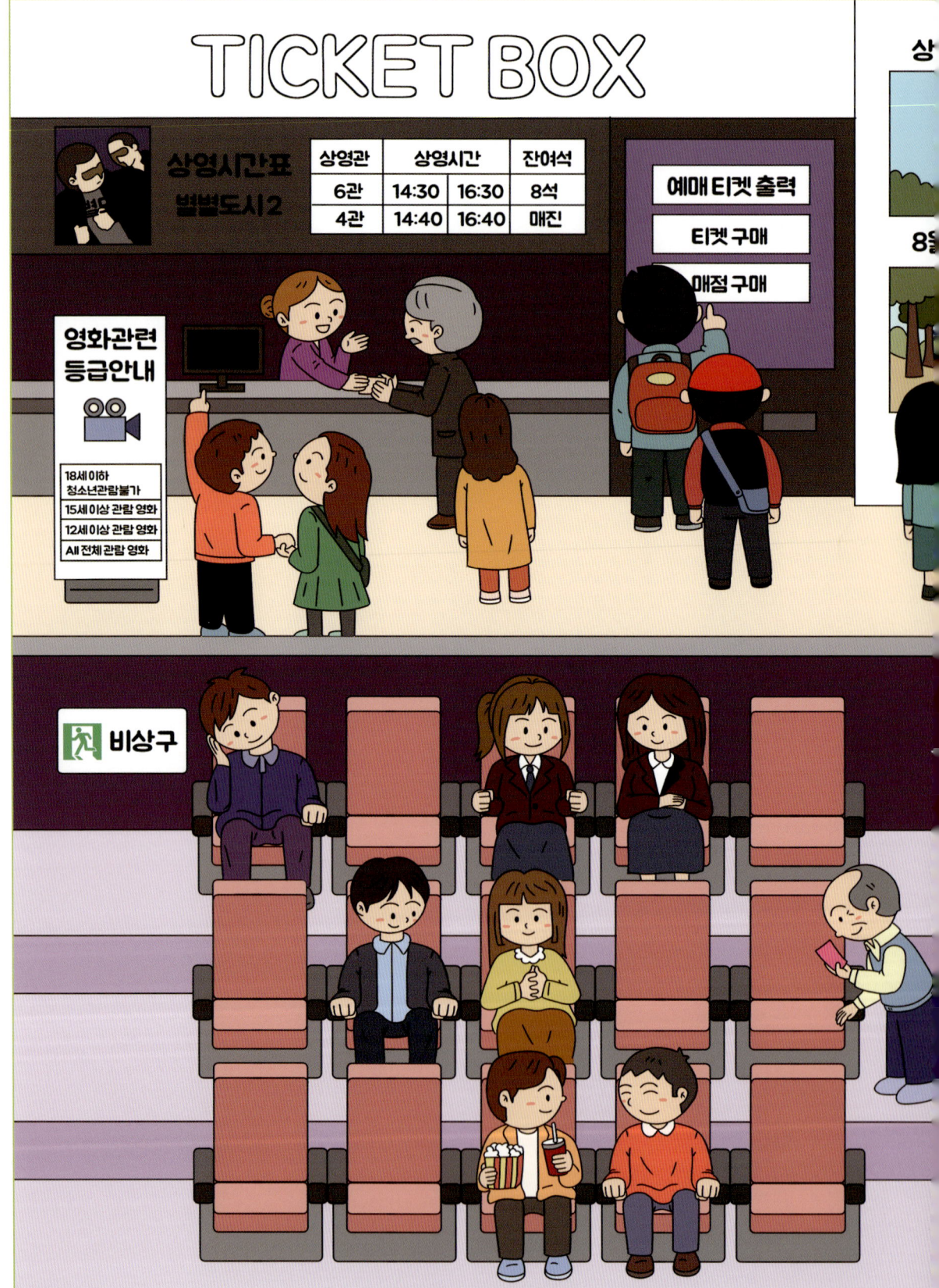

6. 영화관

선생님의 질문을 듣고 찾아보세요. 힌트 그림을 보고 찾을 수 있어요.

찾아보기 / 질문

01	영화를 보면서 먹을 간식을 사고 싶어요. 어디로 갈까요?
02	번호표를 뽑지 않고 영화표를 사려고 해요. 무엇을 이용할까요?
03	만약 화재 경보가 울리면 어디로 나가야 하나요?
04	상영관에 들어갈 때 무엇을 보여줘야 하나요?
05	영화 내용을 간단하게 소개해주는 종이를 무엇이라고 하나요?

힌트

6. 영화관

 표현 과제

 말해보기   사람들이 무엇을 하고 있는지 이야기해 보세요.

- 여자가 반갑게 인사하고 있어요.
- 남자와 여자가 수다를 떨고 있어요.
- 직원이 팝콘을 통에 담고 있어요.
- 형이 영화 팸플릿을 보고 있어요.
- 아줌마가 상영관으로 들어가고 있어요.
- 사람들이 영화 시간을 확인하고 있어요.
- 사람들이 매점에서 팝콘과 음료수를 사고 있어요.
- 사람들이 매점에서 팝콘과 음료수를 사고 있어요.
- 아이들이 팝콘과 음료수를 먹고 있어요.
- 남자아이가 핸드폰으로 게임을 하고 있어요.
- 할아버지와 할머니가 자리를 찾고 있어요.
- 직원이 손님에게 영화표를 건네주고 있어요.
- 형이 키오스크에서 영화표를 사고 있어요.

 122-123p 그림에서 사람들이 무엇을 하는지 한 번 더 말해보고 색칠해 보세요.

 생각해 보기   아래와 같이 감정추론, 문제해결, 결과예측 등 심화된 질문으로 확장해 보세요.

- 상영관에 들어갈 때 왜 영화표를 확인하나요?

예시 답안 | 영화표를 사지 않고 상영관 안으로 들어가면 안 되기 때문에

- 영화를 볼 때 지켜야 할 예절을 말해보세요.

예시 답안 | 전화 통화를 하지 않아요. / 앞좌석을 발로 차지 않아요. / 시끄럽게 떠들면 안 돼요.

색칠 후 이전 페이지로 돌아가 '질문을 듣고 생각해 보기'를 해보세요.

7. 푸드코트

126-139p

7. 푸드코트

이해 과제 7-1

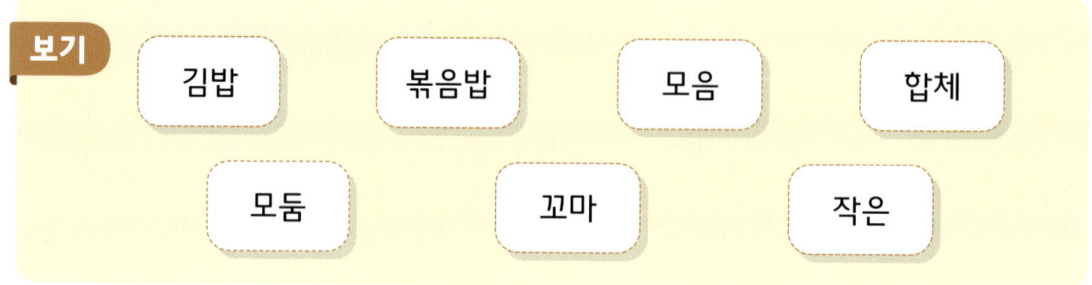

보기: 김밥, 볶음밥, 모음, 합체, 모둠, 꼬마, 작은

🔍 다음의 뜻을 가진 낱말을 보기에서 찾아 쓰세요.

① [　　　] : 어린아이나 조그만 것을 귀엽게 부르는 말

② [　　　] : 어떤 일을 하려고 몇 사람씩 모여서 짠 모임
(비유적 의미: 여러 가지 종류를 한곳에 모아 놓은 것)

💬 보기에서 적절한 낱말을 골라 덩어리 표현을 만들어보세요.

③ 여러 가지 종류의 김밥을 모두 맛볼 수 있는 김밥메뉴 = [　　　] [　　　]

④ 1/2이나 1/4로 자른 김으로 만든 작은 김밥 = [　　　] [　　　]

✏️ 다음 문장의 빈칸에 알맞은 낱말을 쓰세요.

⑤ [　　　] 에서 한 명씩 발표할 사람을 정하세요.

⑥ 내 동생이 만든 눈사람은 [　　　] 눈사람!

⑦ 우리 가족은 [　　　] 초밥을 주문했다.

🖼️ 오늘 배운 표현을 134-135p 그림에서 찾아 색칠해 보세요.

이해 과제 7-2

🔍 다음의 뜻을 가진 낱말을 보기에서 찾아 쓰세요.

① [　　　] : 어떤 것을 만드는 데 쓰는 것

② [　　　] : 우리나라에서 나고 자란 식재료

③ [　　　] : 어떤 것을 엄격히 잘 가려 뽑는 것

💬 보기에서 적절한 낱말을 골라 덩어리 표현을 만들어보세요.

④ 우리나라에서 나고 자란 식재료를 엄선해서 요리해요.

= 100% [　　　] [　　　] [　　　]

✏️ 다음 문장의 빈칸에 알맞은 낱말을 쓰세요.

⑤ 이번 회장은 [　　　] 하여 뽑아야 해.

⑥ 주어진 [　　　] 를 이용해 그림을 그리세요.

⑦ 요즘 [　　　] 소금 가격이 많이 올랐어요.

🎨 오늘 배운 표현을 134-135p 그림에서 찾아 색칠해 보세요.

이해 과제 7-3

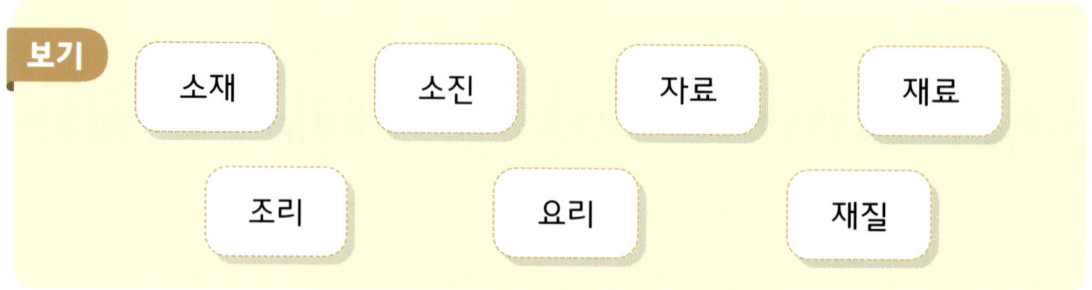

보기: 소재, 소진, 자료, 재료, 조리, 요리, 재질

🔍 다음의 뜻을 가진 낱말을 보기에서 찾아 쓰세요.

① ☐ : 점점 줄어들어 다 없어짐

💬 보기에서 적절한 낱말을 골라 덩어리 표현을 만들어보세요.

② 만들 수 있는 재료가 다 떨어졌어요.

=

✏️ 다음 문장의 빈칸에 알맞은 낱말을 쓰세요.

③ 하루종일 대청소를 했더니 힘이 다 ☐ 되었어.

🖼️ 오늘 배운 표현을 134-135p 그림에서 찾아 색칠해 보세요.

이해 과제 7-4

보기: 식기 음식 용기 반납 대출 대여 식기

🔍 다음의 뜻을 가진 낱말을 보기에서 찾아 쓰세요.

① ☐ : 빌린 것을 돌려주는 것

② ☐ : 음식을 담는 그릇

💬 보기에서 적절한 낱말을 골라 덩어리 표현을 만들어보세요.

③ 다 먹은 후 그릇은 여기로 가져오세요.

= ☐ ☐

✏️ 다음 문장의 빈칸에 알맞은 낱말을 쓰세요.

④ 오늘 며칠이지? 도서관에 책을 ☐ 해야 해.

⑤ 독감에 걸리면 식사도 따로 하고, ☐ 도 자기 것만 써야 해.

🖼️ 오늘 배운 표현을 134-135p 그림에서 찾아 색칠해 보세요.

이해 과제 7-5

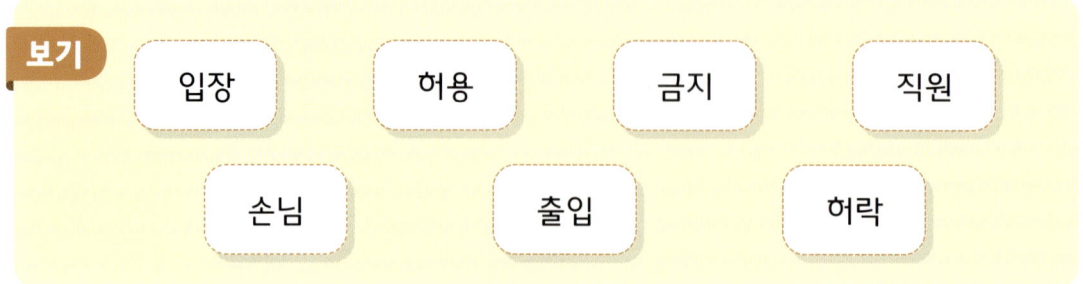

🔍 다음의 뜻을 가진 낱말을 보기에서 찾아 쓰세요.

① ☐ : 들어가거나 나오는 것

② ☐ : 일터에서 일하는 사람

💬 보기에서 적절한 낱말을 골라 덩어리 표현을 만들어보세요.

③ 직원이 아닌 사람은 이용할 수 없습니다.

= ☐ 외 ☐ ☐

✏️ 다음 문장의 빈칸에 알맞은 낱말을 쓰세요.

④ 건물 ☐ 문을 찾고 있어요. 어느 쪽으로 가야 하나요?

⑤ 여기서 같이 일하는 ☐ 이 100명이나 됩니다.

🎨 오늘 배운 표현을 134-135p 그림에서 찾아 색칠해 보세요.

이해 과제 **7-6**

🔍 다음의 뜻을 가진 낱말을 보기에서 찾아 쓰세요.

① [ ] : 어떤 일을 법, 규칙에 따라 못 하게 막는 것

💬 보기에서 적절한 낱말을 골라 덩어리 표현을 만들어보세요.

② 한 번 쓰고 버리게 만들어진 물건을 사용하지 않습니다.

=

✏️ 다음 문장의 빈칸에 알맞은 낱말을 쓰세요.

③ 환경보호를 위해 플라스틱 사용을 [ ] 합니다.

🖼️ 오늘 배운 표현을 134-135p 그림에서 찾아 색칠해 보세요.

이해 과제 7-7

🔍 다음의 뜻을 가진 낱말을 보기에서 찾아 쓰세요.

① [　　　] : 식당 같은 곳에서 밥을 다 먹은 후 빈 그릇을 두는 곳
② [　　　] : 더울 때 기구를 써서 방 안의 온도를 낮추는 것
③ [　　　] : 방이나 건물 안을 따뜻하게 하는 것
④ [　　　] : 겨울 동안
⑤ [　　　] : 여름 동안

✏️ 다음 문장의 빈칸에 알맞은 낱말을 쓰세요.

⑥ [　　　] 중이니 문을 닫아주세요.
⑦ [　　　] 에는 눈이 많이 와요.
⑧ 날씨가 추워져서 [　　　] 을 틀어야겠다.
⑨ 식당에서 [　　　] 메뉴로 냉면을 팔아요.
⑩ 물컵은 [　　　] 옆에 따로 모아주세요.

🖼️ 오늘 배운 표현을 134-135p 그림에서 찾아 색칠해 보세요.

함께 이야기해 봐요!

- 내가 좋아하는 음식은 무엇인가요?
- 맛있는 음식을 같이 먹고 싶은 사람은 누구인가요?

7. 푸드코트

선생님의 질문을 듣고 찾아보세요. 힌트 그림을 보고 찾을 수 있어요.

찾아보기 / 질문

01	음식을 다 먹은 후에 그릇은 어디에 두어야 하나요?
02	물을 먹고 싶어요. 무엇을 이용하면 되나요?
03	한 번에 여러 종류 김밥을 먹고 싶어요. 어떤 메뉴를 주문하면 되나요?
04	한 번 쓰고 버리는 물건을 뭐라고 하나요?
05	내가 주문한 음식이 나왔는지 무엇을 보고 알 수 있나요?

힌트

7. 푸드코트

 표현 과제

 **말해보기** 사람들이 무엇을 하고 있는지 이야기해 보세요.

- 아줌마가 그릇을 반납하고 있어요.
- 아저씨가 메뉴를 고르고 있어요.
- 직원이 조리용 마스크를 쓰고 있어요.
- 아빠가 자장면을 비벼서 먹고 있어요.
- 사람들이 주문한 음식을 받고 있어요.
- 형이 그릇을 반납하기 위해서 순서를 기다리고 있어요.
- 아이가 어묵을 입으로 후후 불고 있어요.
- 아이가 정수기 앞에서 물을 마시고 있어요.
- 언니가 먹고 싶은 음식을 주문하고 있어요.
- 아저씨가 다 먹은 그릇을 정리하고 있어요.
- 직원이 조리실 안으로 들어가고 있어요.

 138-139p 그림에서 사람들이 무엇을 하는지 한 번 더 말해보고 색칠해 보세요.

 생각해 보기 아래와 같이 감정추론, 문제해결, 결과예측 등 심화된 질문으로 확장해 보세요.

- 아저씨가 왜 한숨을 쉬고 있을까요?

예시 답안 | 재료가 다 떨어져서 먹고 싶은 음식을 먹을 수 없어서.

- 이 아저씨의 기분이 어떨까요?

예시 답안 | 속상해요.

- 이 아저씨는 어떻게 하면 될까요?

예시 답안 | 다른 음식을 주문해요. / 다음에 다시 와서 먹어요.

색칠 후 이전 페이지로 돌아가 '질문을 듣고 생각해 보기'를 해보세요.

8. 공항

142-155p

8. 공항

이해 과제 8-1

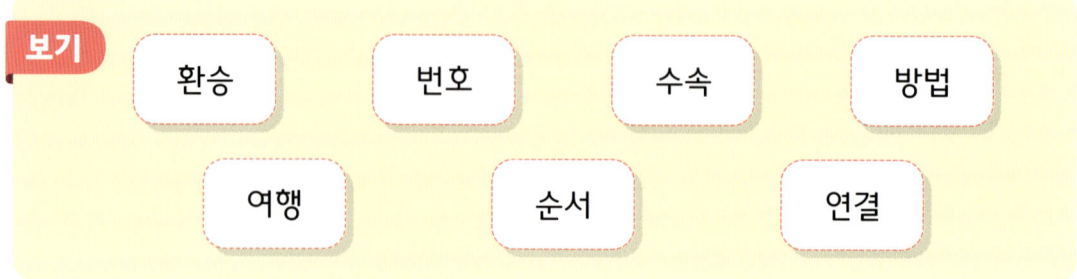

보기: 환승, 번호, 수속, 방법, 여행, 순서, 연결

🔍 다음의 뜻을 가진 낱말을 보기에서 찾아 쓰세요.

① [　　　] : 어떤 일을 할 때 따르는 차례와 방법

② [　　　] : 교통수단의 종류나 노선을 갈아타는 것

💬 보기에서 적절한 낱말을 골라 덩어리 표현을 만들어보세요.

③ 다른 비행기로 갈아타기 위한 절차

= [　　　] [　　　]

✏️ 다음 문장의 빈칸에 알맞은 낱말을 쓰세요.

④ 역 앞에서 버스로 [　　　] 해야 해.

⑤ 병이 다 나아서 이제 퇴원 [　　　] 을 하래요.

🎨 오늘 배운 표현을 150-151p 그림에서 찾아 색칠해 보세요.

이해 과제 **8-2**

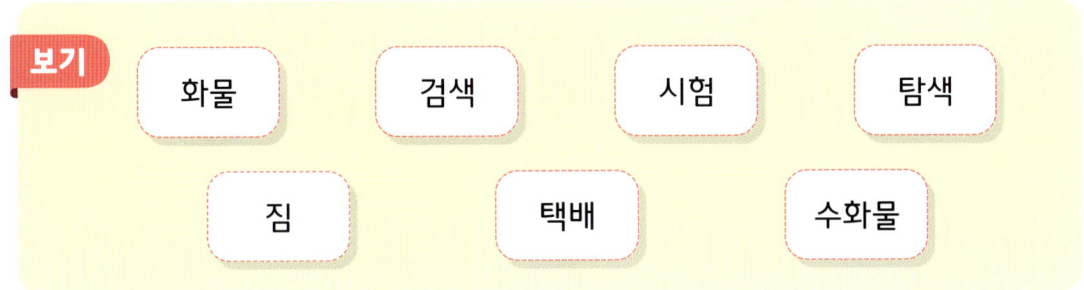

🔍 다음의 뜻을 가진 낱말을 보기에서 찾아 쓰세요.

① [ ] : 수상한 사람의 몸을 뒤지거나 물건을 샅샅이 살펴보는 것

② [ ] : 손에 간편하게 들고 다닐 수 있는 짐

💬 보기에서 적절한 낱말을 골라 덩어리 표현을 만들어보세요.

③ 비행기 안에 가지고 타면 안 되는 짐이 있는지 살피는 것

= [ ] [ ]

✏️ 다음 문장의 빈칸에 알맞은 낱말을 쓰세요.

④ 먼저 인터넷 [ ]으로 찾아볼 게 있어요.

⑤ 우리 집만 안 나왔네. [ ] 찾으려면 어떻게 해야 하지?

🎨 오늘 배운 표현을 150-151p 그림에서 찾아 색칠해 보세요.

이해 과제 8-3

보기: 기장, 수화물, 반칙, 규정, 비행기, 입국, 기내

🔍 다음의 뜻을 가진 낱말을 보기에서 찾아 쓰세요.

① [기내] : 비행기의 안

② [규정] : 지키기로 정해놓은 규칙

💬 보기에서 적절한 낱말을 골라 덩어리 표현을 만들어보세요.

③ 비행기 안에 가지고 탈 수 있는 짐에 관한 안내

= [기내] [수화물] [   ] 안내

✏️ 다음 문장의 빈칸에 알맞은 낱말을 쓰세요.

④ 학생들은 학교 [규정] 을 잘 지켜야 합니다.

⑤ 엄마 배고파요. [기내] 식은 언제 나와요?

🎨 오늘 배운 표현을 150-151p 그림에서 찾아 색칠해 보세요.

이해 과제 8-4

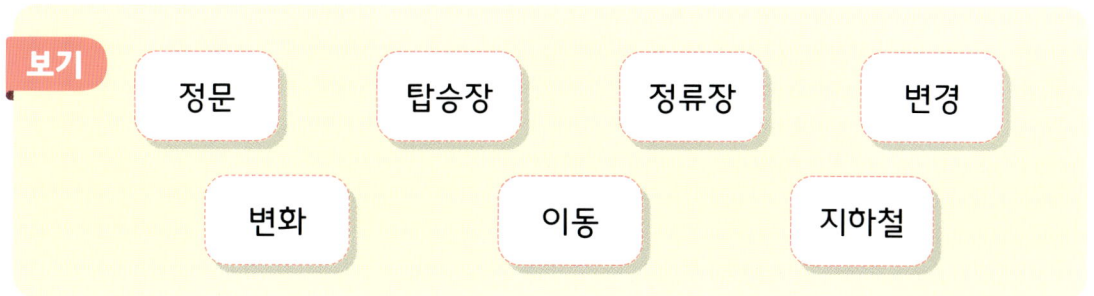

🔍 다음의 뜻을 가진 낱말을 보기에서 찾아 쓰세요.

① [ ] : 전과 다르게 바꾸는 것

② [ ] : 차나 비행기, 배를 타기 위한 장소

💬 보기에서 적절한 낱말을 골라 덩어리 표현을 만들어보세요.

③ 비행기 타는 장소가 바뀌는 것

= [ ] [ ]

✏️ 다음 문장의 빈칸에 알맞은 낱말을 쓰세요.

④ 늦어도 비행기 출발 30분 전까지는 [ ] 으로 오세요.

⑤ 다음 주 월요일 수업시간표가 [ ] 되었어요.

🖼️ 오늘 배운 표현을 150-151p 그림에서 찾아 색칠해 보세요.

이해 과제 8-5

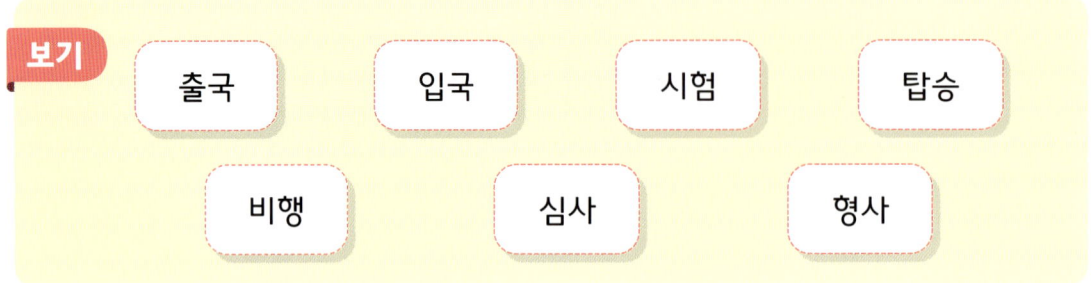

보기: 출국, 입국, 시험, 탑승, 비행, 심사, 형사

🔍 다음의 뜻을 가진 낱말을 보기에서 찾아 쓰세요.

① ☐ : 능력이나 상태를 자세히 살피는 것

💬 보기에서 적절한 낱말을 골라 덩어리 표현을 만들어보세요.

② 다른 나라로 가도 되는지 조사하는 일

= ☐ ☐

✏️ 다음 문장의 빈칸에 알맞은 낱말을 쓰세요.

③ 모든  위원들이 높은 점수를 주었습니다.

🖼️ 오늘 배운 표현을 150-151p 그림에서 찾아 색칠해 보세요.

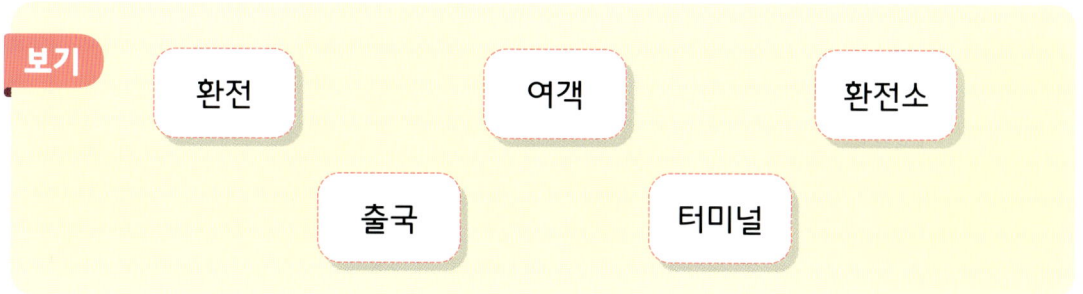

🔍 다음의 뜻을 가진 낱말을 보기에서 찾아 쓰세요.

① _____ : 돈을 다른 나라 돈으로 바꾸어 주는 곳

② _____ : 돈을 다른 나라 돈으로 바꾸는 것

③ _____ : 버스, 열차, 비행기, 배 등이 출발하거나 도착하는 곳

④ _____ : 여행하는 사람

⑤ _____ : 머무르던 나라를 떠나는 것

✏️ 다음 문장의 빈칸에 알맞은 낱말을 쓰세요.

⑥ 이번에 _____ 하면 겨울에나 보겠네.

⑦ 걱정 마. 아침에 미리 은행에 들러 _____ 할게.

⑧ 고속버스 _____ 로 가려면 어디에서 내려야 하나요?

⑨ 공항에 도착하면 _____ 부터 들러야 해.

⑩ 명절이어서 서울역이 _____ 들로 붐볐다.

🖼️ 오늘 배운 표현을 150-151p 그림에서 찾아 색칠해 보세요.

이해 과제 8-7

🔍 다음의 뜻을 가진 낱말을 보기에서 찾아 쓰세요.

① [　　　　] : 차나 비행기, 배를 타기 위한 입구

② [　　　　] : 차나 비행기, 배 같은 것에 타는 것

③ [　　　　] : 크기가 작은 것

④ [　　　　] : 손에 들거나 몸에 지니고 다닐 수 있게 만든 것

⑤ [　　　　] : 정해진 시간보다 늦게 도착하는 것

✏️ 다음 문장의 빈칸에 알맞은 낱말을 쓰세요.

⑥ 폭설로 비행기가 한 시간 이상 [　　　　] 되었습니다.

⑦ 5번 출구에서 관광버스에 [　　　　] 하세요.

⑧ 런던행 비행기를 타실 손님은 3번 [　　　　] 로 오세요.

⑨ 아싸! 아빠가 [　　　　] 게임기 사주신대.

⑩ 난 휴대전화 크기가 [　　　　] 일수록 좋아.

🖼️ 오늘 배운 표현을 150-151p 그림에서 찾아 색칠해 보세요.

이해 과제 8-8

보기: 결항, 면세점, 입국, 국제선, 면세

🔍 다음의 뜻을 가진 낱말을 보기에서 찾아 쓰세요.

① _____ : 해외로 여행하기 전에 세금을 매기지 않은 물건을 살 수 있는 매장

② _____ : 세금을 매기지 않는 것

③ _____ : 자기 나라나 남의 나라에 도착하는 것

④ _____ : 출발하는 나라와 도착하는 나라가 다른 경로

⑤ _____ : 어떤 사정으로 비행기나 배가 평소처럼 다니지 못하는 것

✏️ 다음 문장의 빈칸에 알맞은 낱말을 쓰세요.

⑥ 여기 선물! 유럽에 갔을 때 _____ 에 들러서 샀어.

⑦ 김포공항은 국내선, _____ 모두 이용할 수 있어요.

⑧ _____ 심사할 때 여권을 보여줘야 해.

⑨ 태풍까지 와서 배가 모두 _____ 이래요.

🖼️ 오늘 배운 표현을 150-151p 그림에서 찾아 색칠해 보세요.

151 | 알쏭달쏭! 한 줄 언어치료

색칠하기

선생님의 질문을 듣고 찾아보세요. 힌트 그림을 보고 찾을 수 있어요.

찾아보기 / 질문

01	공항은 무엇을 타는 곳인가요?
02	한국 돈을 미국 돈으로 바꾸고 싶어요. 어디로 가면 되나요?
03	비행기를 타고 외국에 가려고 할 때 공항에서 무엇이 필요한가요?
04	비행기를 타기 전에 어디에서 여러 가지 물건을 살 수 있나요?
05	비행기가 도착한 후 무엇을 찾아야 하나요?

힌트

 표현 과제

 **말해보기** 사람들이 무엇을 하고 있는지 이야기해 보세요.

- 아이가 비행기를 가리키고 있어요.
- 아이가 아빠손을 꼭 잡고 있어요.
- 여학생이 손을 흔들고 있어요.
- 직원이 승객을 검사하고 있어요.
- 아저씨가 팔을 벌리고 서 있어요.
- 사람들이 짐을 찾고 있어요.
- 직원이 손님에게 인사를 하고 있어요.
- 사람들이 면세점에서 쇼핑하고 있어요.
- 할머니가 손가방을 바구니에 담고 있어요.
- 사람들이 비행기를 타기 위해서 기다리고 있어요.
- 직원이 승객에게 표를 건네고 있어요.
- 언니가 비행기 출발 시간을 확인하고 있어요.

 154-155p 그림에서 사람들이 무엇을 하는지 한 번 더 말해보고 색칠해 보세요.

 생각해 보기 아래와 같이 감정추론, 문제해결, 결과예측 등 심화된 질문으로 확장해 보세요.

- 손을 흔들고 있는 여학생의 기분이 어떨까요?

예시 답안 | 슬퍼요.

- 이 여학생은 왜 그런 기분이 들까요?

예시 답안 | 가족과 헤어지니까요.

- 비행기를 가리키는 아이의 기분이 어떨까요?

예시 답안 | 신나요.

- 이 아이가 뭐라고 말하고 있을까요?

예시 답안 | 엄마! 저기 봐요. 비행기가 너무 멋져요. / 엄마! 우리 저 비행기 탈 거에요.

9. 공원

158-171p

9. 공원

이해 과제 9-1

🔍 다음의 뜻을 가진 낱말을 보기에서 찾아 쓰세요.

① ☐ : 한 가족처럼 사람과 함께 살아가는 개

② ☐ : 옷, 모자, 신발 등을 몸에 걸치는 것

③ ☐ : 동물 목에 매는 줄

④ ☐ : 짝이 되는 사람이나 대상

💬 보기에서 적절한 낱말을 골라 덩어리 표현을 만들어보세요.

⑤ 산책할 때는 반려견에게 목줄을 채워야 합니다. = ☐ ☐ ☐

✏️ 다음 문장의 빈칸에 알맞은 낱말을 쓰세요.

⑥ 많이 답답하지? 집에 들어가서 ☐ 빼줄게.

⑦ 우리 별별이는 ☐ 동물이지만 가족과 같아.

⑧ 자동차를 탈 때는 안전벨트를 ☐ 합니다.

⑨ 엄마, 우리 집도 ☐ 키우면 안 돼요?

🖼️ 오늘 배운 표현을 166-167p 그림에서 찾아 색칠해 보세요.

이해 과제 9-2

🔍 다음의 뜻을 가진 낱말을 보기에서 찾아 쓰세요.

① [　　　] : 어떤 것을 거두어 가는 것

② [　　　] : 사람이나 동물이 배설하는 똥오줌

💬 보기에서 적절한 낱말을 골라 덩어리 표현을 만들어보세요.

③ 반려견과 산책을 할 때 반려견이 눈 똥은 바로 치워야 합니다.

= [　　　] [　　　]

✏️ 다음 문장의 빈칸에 알맞은 낱말을 쓰세요.

④ 농약 대신 동물의 [　　　]로 농사를 짓고 있어요.

⑤ 바닷가에 버려진 쓰레기를 [　　　]했다.

🎨 오늘 배운 표현을 166-167p 그림에서 찾아 색칠해 보세요.

이해 과제 9-3

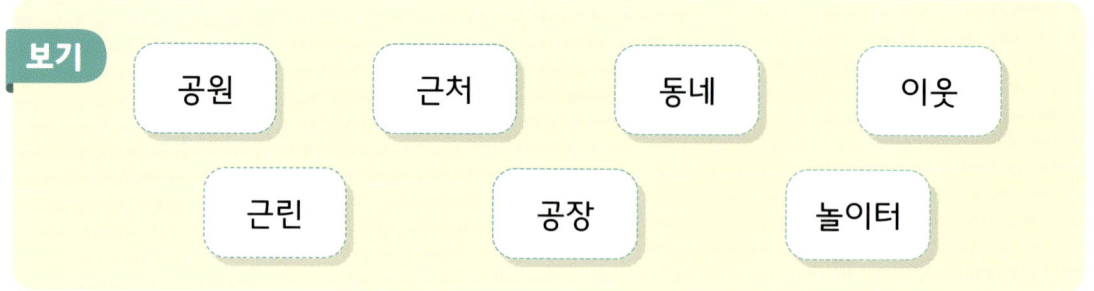

🔍 다음의 뜻을 가진 낱말을 보기에서 찾아 쓰세요.

① ☐ : 가까운 이웃

💬 보기에서 적절한 낱말을 골라 덩어리 표현을 만들어보세요.

② 집 근처에 있어서 쉽게 이용할 수 있는 공원

= ☐ ☐

✏️ 다음 문장의 빈칸에 알맞은 낱말을 쓰세요.

③ 이 동네는 마트, 세탁소 등 ☐ 시설이 잘되어 있다.

🖼️ 오늘 배운 표현을 166-167p 그림에서 찾아 색칠해 보세요.

이해 과제 **9-4**

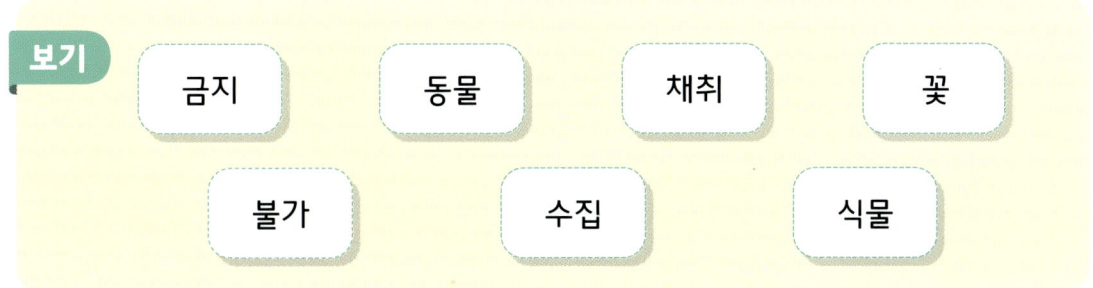

🔍 다음의 뜻을 가진 낱말을 보기에서 찾아 쓰세요.

① ☐ : 풀, 나무, 흙, 돌 등을 가져가는 것

② ☐ : 풀, 나무 등

💬 보기에서 적절한 낱말을 골라 덩어리 표현을 만들어보세요.

③ 이곳에 있는 식물을 뽑아가면 안 돼요.

= ☐ ☐ ☐

✏️ 다음 문장의 빈칸에 알맞은 낱말을 쓰세요.

④ 경찰 아저씨가 사건 현장에서 범인의 지문을 ☐ 해요.

⑤ 학교에서 ☐ 의 한살이에 대해 배웠어요.

🖼️ 오늘 배운 표현을 166-167p 그림에서 찾아 색칠해 보세요.

이해 과제

이해 과제 9-5

🔍 다음의 뜻을 가진 낱말을 보기에서 찾아 쓰세요.

① ☐ : 술을 마시는 것

② ☐ : 큰 소리로 시끄럽게 소리치거나 노래를 부르는 짓

💬 보기에서 적절한 낱말을 골라 덩어리 표현을 만들어보세요.

③ 술에 취해 소리를 지르거나 큰소리로 노래를 부르지 마세요.

= ☐ 및 ☐ 금지

✏️ 다음 문장의 빈칸에 알맞은 낱말을 쓰세요.

④ 밤늦은 시간에는 ☐ 를 하면 안 돼요.

⑤ 아빠, 지나친 ☐ 는 건강에 해로워요.

🖼️ 오늘 배운 표현을 166-167p 그림에서 찾아 색칠해 보세요.

이해 과제 **9-6**

🔍 다음의 뜻을 가진 낱말을 보기에서 찾아 쓰세요.

① [　　　] : 내던져 버리는 것

💬 보기에서 적절한 낱말을 골라 덩어리 표현을 만들어보세요.

② 이곳에 쓰레기를 버리면 안 돼요.

= 쓰레기 [　　] [　　]

✏️ 다음 문장의 빈칸에 알맞은 낱말을 쓰세요.

③ 도로변에 몰래 쓰레기를 [　　　　] 하면 안 됩니다.

🎨 오늘 배운 표현을 166-167p 그림에서 찾아 색칠해 보세요.

이해 과제 9-7

보기: 무더위, 여름, 편의점, 건물, 휴식, 쉼터, 덥다

🔍 다음의 뜻을 가진 낱말을 보기에서 찾아 쓰세요.

① ☐ : 쉬는 곳

② ☐ : 온도와 습도 모두 높아서 찌는 듯한 더위

💬 보기에서 적절한 낱말을 골라 덩어리 표현을 만들어보세요.

③ 무더위를 피해 쉬는 장소

= ☐ ☐

✏️ 다음 문장의 빈칸에 알맞은 낱말을 쓰세요.

④ 큰 느티나무 아래에 있는 정자는 모두의 ☐ 이다.

⑤ 올여름 ☐ 에 어떻게 지냈니?

🎨 오늘 배운 표현을 166-167p 그림에서 찾아 색칠해 보세요.

이해 과제 9-8

🔍 다음의 뜻을 가진 낱말을 보기에서 찾아 쓰세요.

① [　　　] : 사람들이 걸어 다니는 길

② [　　　] : 공원이나 놀이터에 물을 마실 수 있도록 마련해 놓은 시설

③ [　　　] : 걸어 다니는 것

✏️ 다음 문장의 빈칸에 알맞은 낱말을 쓰세요.

④ [　　　] 에서는 자전거를 타지 않아요. 내려서 끌고 갑니다.

⑤ 할머니는 연세가 많으시지만 [　　　] 에는 어려움이 없어요.

⑥ 엄마, 편의점에서 생수 사주세요. [　　　] 가 고장 났대요.

🎨 오늘 배운 표현을 166-167p 그림에서 찾아 색칠해 보세요.

9. 공원

색칠하기

선생님의 질문을 듣고 찾아보세요. 힌트 그림을 보고 찾을 수 있어요.

찾아보기 / 질문

01	날씨가 너무 더워요. 어디로 가면 될까요?
02	강아지를 데리고 산책을 나왔어요. 꼭 지켜야 할 일은 무엇일까요?
03	목이 말라요. 어디에서 물을 마실 수 있나요?
04	공원에서 탈 수 있는 것은 무엇일까요?
05	나비를 잡고 싶어요. 무엇이 필요한가요?

힌트

 표현 과제

 **말해보기** 사람들이 무엇을 하고 있는지 이야기해 보세요.

- 사람들이 쉼터에서 쉬고 있어요.
- 할머니가 부채질을 하고 있어요.
- 여자아이가 개를 산책시키고 있어요.
- 엄마가 유모차(유아차)를 밀고 있어요.
- 부부가 현수막을 보고 있어요.
- 아이가 킥보드를 타고 있어요.
- 남자가 이어폰을 끼고 뛰어가고 있어요.
- 남자와 여자가 잔디밭에 돗자리를 펴고 앉아 있어요.
- 할아버지가 지팡이를 짚고 걸어가고 있어요.
- 할머니가 할아버지의 팔짱을 끼고 있어요.
- 아이가 돌에 걸려 넘어졌어요.
- 엄마와 언니가 벤치에 앉아 있어요.
- 여자아이가 공원 바닥에 쓰레기를 버리고 있어요.
- 아저씨가 자전거를 타고 있어요.

 170-171p 그림에서 사람들이 무엇을 하는지 한 번 더 말해보고 색칠해 보세요.

 생각해 보기 아래와 같이 감정추론, 문제해결, 결과예측 등 심화된 질문으로 확장해 보세요.

- 킥보드를 탈 때는 무엇을 조심해야 할까요?

예시 답안 | 주변에 사람이 있는지 확인해요.

- 왜 공원 바닥에 쓰레기를 버리면 안 될까요?

예시 답안 | 공원이 더러워지니까. / 자연을 보호하기 위해서.

- 공원에서 자전거를 탈 때는 어떻게 해야 할까요?

예시 답안 | 자전거도로에서 타요. / 앞에 사람이 있다면 자전거벨을 울려요.

9. 공원

10. 학교 앞

174-189p

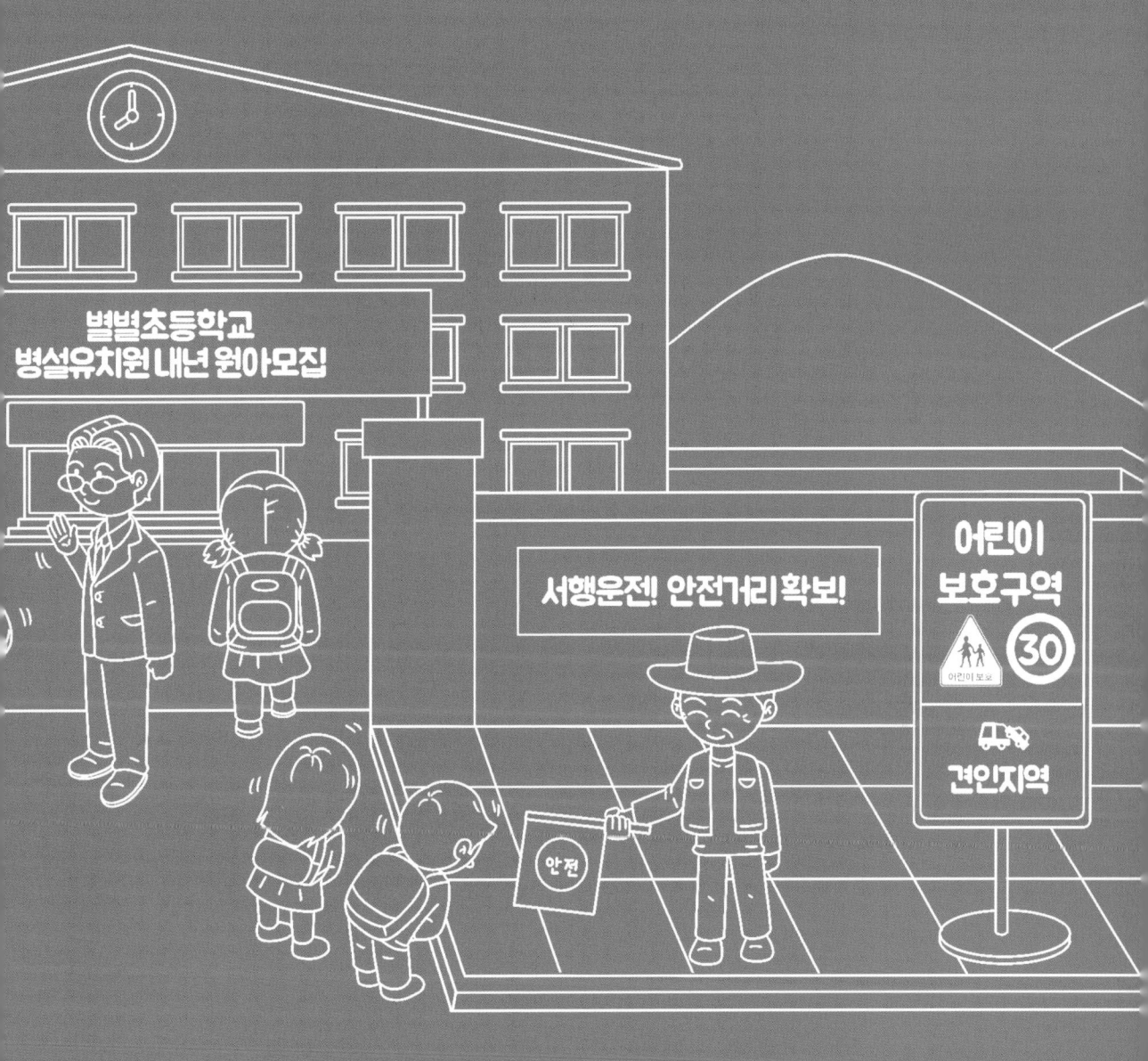

10. 학교 앞

이해 과제 **10-1**

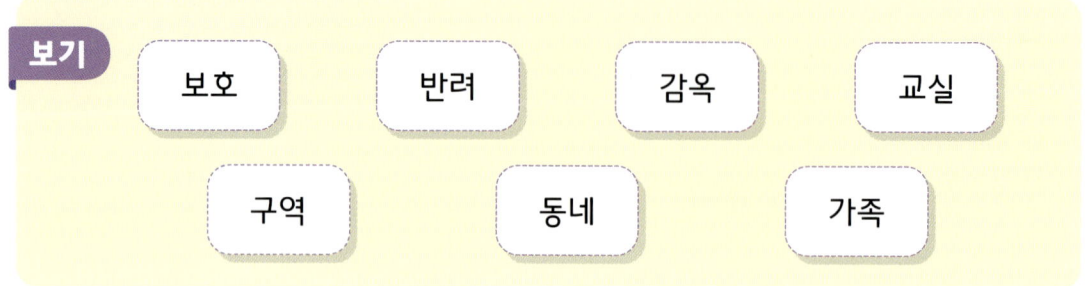

보기: 보호, 반려, 감옥, 교실, 구역, 동네, 가족

🔍 다음의 뜻을 가진 낱말을 보기에서 찾아 쓰세요.

① [　　　] : 보살피고 돌보는 것

② [　　　] : 기준이나 목적에 따라 나누어 놓은 곳

💬 보기에서 적절한 낱말을 골라 덩어리 표현을 만들어보세요.

③ 운전 속도를 줄여 교통사고의 위험으로부터 어린이를 보호합니다.

= 어린이 [　　　] [　　　]

✏️ 다음 문장의 빈칸에 알맞은 낱말을 쓰세요.

④ 이곳은 물이 깊어서 수영이 금지된 [　　　]입니다.

⑤ 음식물쓰레기 줄이기도 환경을 [　　　]하는 일입니다.

🖼️ 오늘 배운 표현을 184-185p 그림에서 찾아 색칠해 보세요.

이해 과제 10-2

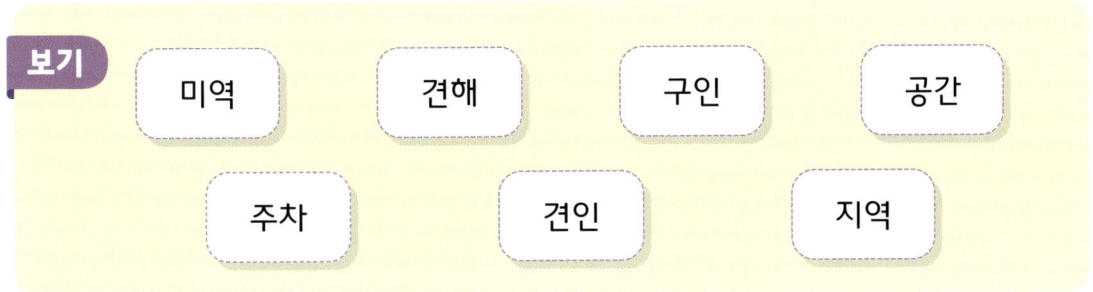

🔍 다음의 뜻을 가진 낱말을 보기에서 찾아 쓰세요.

① [　　　] : 차를 끌고 가는 것

😀 보기에서 적절한 낱말을 골라 덩어리 표현을 만들어보세요.

② 이곳에 차를 세우거나 주차하면 견인차가 끌고 갑니다.

= [　　　] [　　　]

✏️ 다음 문장의 빈칸에 알맞은 낱말을 쓰세요.

③ 자동차가 고장이 나서 [　　　] 차를 불렀어.

🖼️ 오늘 배운 표현을 184-185p 그림에서 찾아 색칠해 보세요.

이해 과제 **10-3**

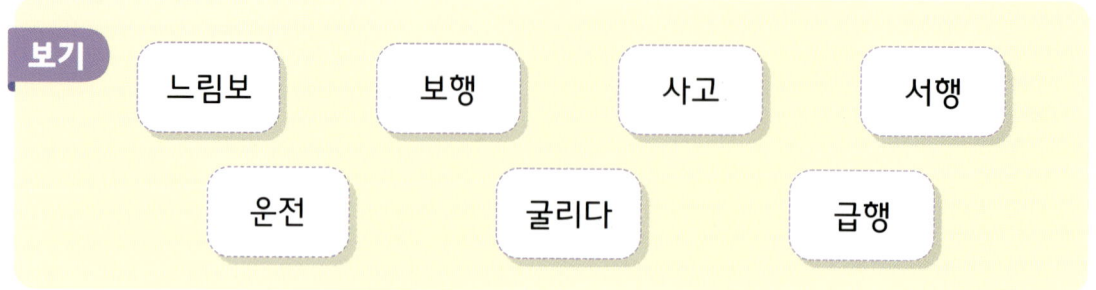

🔍 다음의 뜻을 가진 낱말을 보기에서 찾아 쓰세요.

① [　　　　] : 차가 천천히 가는 것

💬 보기에서 적절한 낱말을 골라 덩어리 표현을 만들어보세요.

② 운전 속도를 줄이세요.

= [　　　　] [　　　　]

✏️ 다음 문장의 빈칸에 알맞은 낱말을 쓰세요.

③ 폭우로 자동차들이 [　　　　] 하고 있습니다.

🖼️ 오늘 배운 표현을 184-185p 그림에서 찾아 색칠해 보세요.

이해 과제 10-4

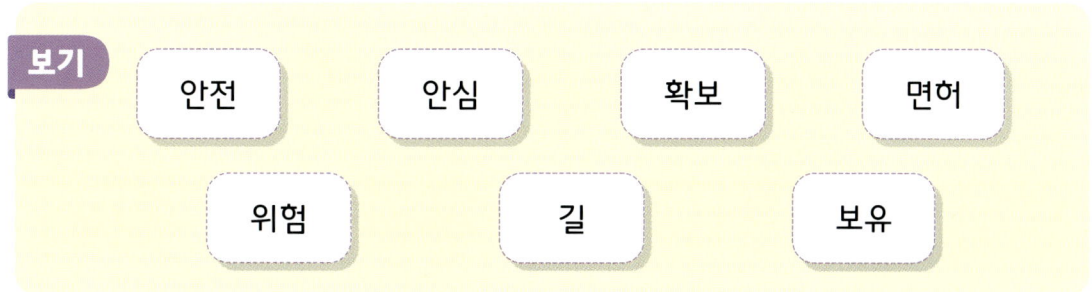

🔍 다음의 뜻을 가진 낱말을 보기에서 찾아 쓰세요.

① [ ] : 무엇을 확실하게 가지고 있는 것

💬 보기에서 적절한 낱말을 골라 덩어리 표현을 만들어보세요.

② 운전을 할 때 앞에 가는 차와 충분한 거리를 유지합니다.

= [ ] 거리 [ ]

✏️ 다음 문장의 빈칸에 알맞은 낱말을 쓰세요.

③ 재난 시 필요한 비상식량을 [ ] 해야 합니다.

🎨 오늘 배운 표현을 184-185p 그림에서 찾아 색칠해 보세요.

이해 과제 10-5

보기: 병설유치원, 아기, 모집, 영어유치원, 원아, 작년, 내년

🔍 다음의 뜻을 가진 낱말을 보기에서 찾아 쓰세요.

① _____ : 초등학교와 한곳에 있는 유치원

② _____ : 어떤 일에 필요한 사람이나 물건을 모으는 것

③ _____ : 유치원에 다니는 아이

④ _____ : 올해의 바로 다음 해

💬 보기에서 적절한 낱말을 골라 덩어리 표현을 만들어보세요.

⑤ 초등학교와 한 곳에 있는 공립 유치원에서 신입생을 모집합니다.

= 초등학교 _____ 내년 _____ _____

✏️ 다음 문장의 빈칸에 알맞은 낱말을 쓰세요.

⑥ 학교에서 합창단원을 _____ 합니다.

⑦ 나는 _____ 부터 공부를 열심히 할 거야.

⑧ 새로 생기는 초등학교에 _____ 도 같이 있다네요.

⑨ 내일 유치원에서 _____ 들의 재롱잔치가 열립니다.

🎨 오늘 배운 표현을 184-185p 그림에서 찾아 색칠해 보세요.

이해 과제 10-6

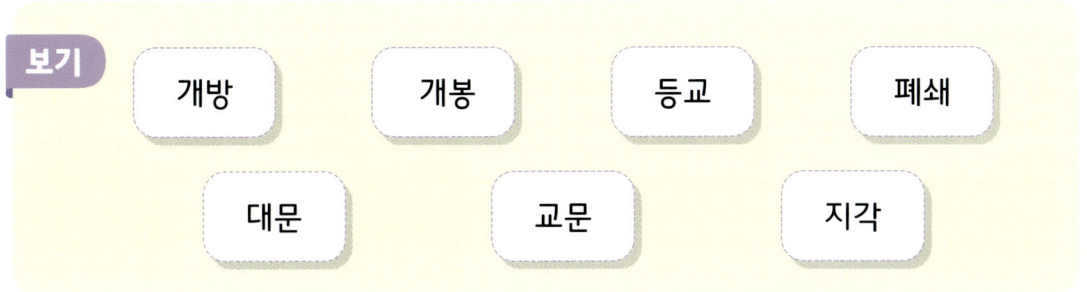

🔍 다음의 뜻을 가진 낱말을 보기에서 찾아 쓰세요.

① [　　　] : 학교 정문

② [　　　] : 어느 곳을 자유롭게 드나들게 열어 놓은 것

💬 보기에서 적절한 낱말을 골라 덩어리 표현을 만들어보세요.

③ 학교를 자유롭게 드나들 수 있는 시간을 안내합니다.

= [　　　] [　　　] 안내

✏️ 다음 문장의 빈칸에 알맞은 낱말을 쓰세요.

④ 우리 집 앞 도서관은 24시간 [　　　] 이야. 언제든 갈 수 있어.

⑤ [　　　] 까지는 엄마랑 같이 걸어가자.

🖼️ 오늘 배운 표현을 184-185p 그림에서 찾아 색칠해 보세요.

이해 과제 10-7

🔍 다음의 뜻을 가진 낱말을 보기에서 찾아 쓰세요.

① [ ] : 물건을 간직하거나 돌보는 것

② [ ] : 눈을 치우는 것

③ [ ] : 무엇을 만들기 위한 기본적인 재료

💬 보기에서 적절한 낱말을 골라 덩어리 표현을 만들어보세요.

④ 쌓인 눈을 치우는 데 필요한 염화칼슘이나 모래 같은 것을 넣어 두는 함

= [ ] [ ] [ ]함

✏️ 다음 문장의 빈칸에 알맞은 낱말을 쓰세요.

⑤ 남은 음식은 냉장고에 잘 [ ] 해 주세요.

⑥ 이 건물은 최고급 [ ] 를 사용했습니다.

⑦ [ ] 이 늦어져서 집 앞 도로가 꽁꽁 얼었다.

🖼️ 오늘 배운 표현을 184-185p 그림에서 찾아 색칠해 보세요.

10. 학교 앞

이해 과제 10-8

🔍 다음의 뜻을 가진 낱말을 보기에서 찾아 쓰세요.

① [   ] : 어떤 것을 지키는 사람

💬 보기에서 적절한 낱말을 골라 덩어리 표현을 만들어보세요.

② 교통사고의 위험으로부터 안전하게 지켜주는 사람

= [   ] [   ] [   ]

✏️ 다음 문장의 빈칸에 알맞은 낱말을 쓰세요.

③ 줄임말 사용을 줄입시다! 우리말 [   ] 가 되어주세요!

🖼️ 오늘 배운 표현을 184-185p 그림에서 찾아 색칠해 보세요.

이해 과제 10-9

보기: 단속, 절대, 통학로, 주정차, 강력, 불법, 등굣길

🔍 다음의 뜻을 가진 낱말을 보기에서 찾아 쓰세요.

① [　　　] : 집에서 학교까지 오가는 길

② [　　　] : 법에 어긋나는 것

③ [　　　] : 주차를 하거나 잠시 차를 대어 두는 것

④ [　　　] : 매우 세고 강함

⑤ [　　　] : 법이나 규칙을 지키게 하고 어기면 벌을 주는 것

💬 보기에서 적절한 낱말을 골라 덩어리 표현을 만들어보세요.

⑥ 아이들이 학교를 오가는 길에 차를 멈추거나 주차를 하면 절대 안 돼요.

= [　　　] 내 [　　　] [　　　] [　　　] [　　　]

✏️ 다음 문장의 빈칸에 알맞은 낱말을 쓰세요.

⑦ 장애인 주차 구역에 [　　　]를 하면 안 됩니다.

⑧ 신호를 지키지 않는 것은 [　　　]입니다.

⑨ 여행을 떠날 때는 문 [　　　]을 잘해야 합니다.

⑩ 학생들이 다니는 [　　　]에 주차를 하지 마세요.

⑪ 저 친구가 [　　　]한 우승 후보래.

🖼️ 오늘 배운 표현을 184-185p 그림에서 찾아 색칠해 보세요.

함께 이야기해 봐요!

- 학교 가기 싫은 날은 어떻게 해야할까요?
- 친구를 소개해보세요.

10. 학교 앞

선생님의 질문을 듣고 찾아보세요. 힌트 그림을 보고 찾을 수 있어요.

찾아보기 / 질문

01	길을 건널 때는 반드시 어디에서 건너야 할까요?
02	학교 교문 앞에서 학생들을 안전하게 지켜주는 분은 누구일까요?
03	학교로 들어가는 문을 뭐라고 할까요?
04	아이들이 안전하게 길을 건널 수 있도록 도와주는 사람은 누구인가요?
05	횡단보도를 건널 때는 무엇을 확인해야 할까요?

힌트

 표현 과제

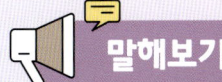 **말해보기**   사람들이 무엇을 하고 있는지 이야기해 보세요.

- 아이가 엄마 손을 잡고 횡단보도를 건너고 있어요.
- 아이가 선생님께 고개 숙여 인사하고 있어요.
- 교통안전지킴이가 안전하게 길을 건널 수 있도록 도와주고 있어요.
- 보안관 아저씨가 아이들에게 미소를 짓고 있어요.
- 아이가 교문 안으로 들어가고 있어요.
- 차에서 엄마와 아이가 내리고 있어요
- 아이들이 문구점에서 물건을 사고 있어요.
- 아저씨가 출근을 하고 있어요.
- 아이가 엄마에게 손을 흔들며 인사하고 있어요.
- 아이들이 책가방을 메고 등교하고 있어요.
- 친구 둘이 손잡고 걸어가고 있어요.

 188-189p 그림에서 사람들이 무엇을 하는지 한 번 더 말해보고 색칠해 보세요.

 생각해 보기   아래와 같이 감정추론, 문제해결, 결과예측 등 심화된 질문으로 확장해 보세요.

- 문방구에서 살 수 있는 물건을 5가지 말해보세요.

예시 답안 | 공책, 연필, 지우개, 종합장, 크레파스...

- 왜 학교 앞에서는 운전을 천천히 해야 하나요?

예시 답안 | 어린이를 보호하기 위해서 / 아이들이 다니는 곳이기 때문에

10. 학교 앞

11. 지하철역

192-209p

11. 지하철역

이해 과제 11-1

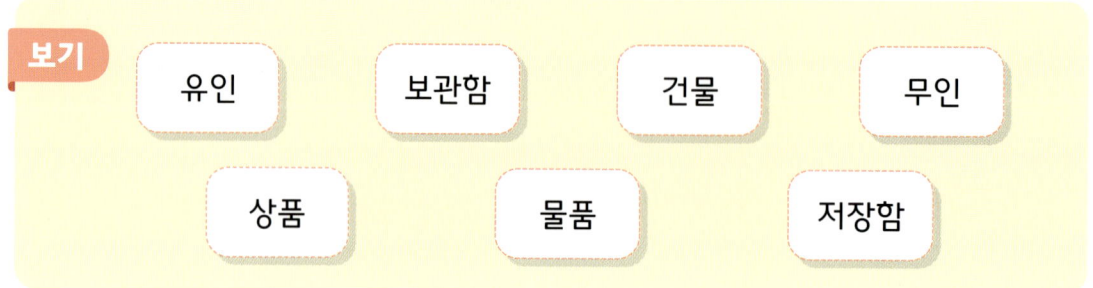

보기: 유인, 보관함, 건물, 무인, 상품, 물품, 저장함

🔍 다음의 뜻을 가진 낱말을 보기에서 찾아 쓰세요.

① ☐ : 물건

② ☐ : 물품을 넣어 두는 곳

③ ☐ : 사람이 없는 것

😀 보기에서 적절한 낱말을 골라 덩어리 표현을 만들어보세요.

④ 지하철역에서 물품을 보관해주는 무인시설

= ☐ ☐ ☐

✏️ 다음 문장의 빈칸에 알맞은 낱말을 쓰세요.

⑤ 우리 ☐ 카페에서 만날까?

⑥ 약 ☐ 에 반창고가 있을 거야.

⑦ 꼭 필요한 ☐ 만 챙기도록 합니다.

🖼️ 오늘 배운 표현을 204-205p 그림에서 찾아 색칠해 보세요.

이해 과제 11-2

보기: TV, 영화, CCTV, 카메라, 녹화, 감독, 핸드폰

🔍 다음의 뜻을 가진 낱말을 보기에서 찾아 쓰세요.

① [ ] : 영상으로 기록하는 것

② [ ] : 보안용 감시 카메라

💬 보기에서 적절한 낱말을 골라 덩어리 표현을 만들어보세요.

③ 보안용 감시카메라로 녹화하고 있습니다.

= [ ] [ ] 중

✏️ 다음 문장의 빈칸에 알맞은 낱말을 쓰세요.

④ 오늘 장기자랑은 모두 [ ] 됩니다.

⑤ 그 골목에 [ ] 가 생긴다니 이제 안심이다.

🖼️ 오늘 배운 표현을 204-205p 그림에서 찾아 색칠해 보세요.

이해 과제 11-3

보기: 당역, 지연, 전역, 접근, 도착, 열차, 정지, 전전역

🔍 다음의 뜻을 가진 낱말을 보기에서 찾아 쓰세요.

① [　　　] : 이전 역
② [　　　] : 시간이 늦추어 지는 것
③ [　　　] : 이전 역의 전역
④ [　　　] : 가까이 다가가는 것
⑤ [　　　] : 바로 이 역

😀 보기에서 적절한 낱말을 골라 덩어리 표현을 만들어보세요.

⑥ 열차의 도착이나 출발시간이 늦어지고 있어요. = [　　　] [　　　]
⑦ 열차가 이전역에 도착하고 있어요. = [　　　] [　　　]
⑧ 열차가 이전 역의 전역에 도착했어요. = [　　　] [　　　]
⑨ 이용하는 역에 지하철이 도착했어요. = [　　　] [　　　]

✏️ 다음 문장의 빈칸에 알맞은 낱말을 쓰세요.

⑩ 아직 한 명이 안 왔어요. 출발이 [　　　] 되고 있네요.
⑪ 강남역이면 바로 [　　　] 이네. 곧 만나요.
⑫ 강력한 태풍이 우리나라로 [　　　] 하고 있습니다.
⑬ [　　　] 에 지하철이 와 있대. 이제 5분 남았다.
⑭ [　　　] 은 열차와 승강장 사이가 넓습니다. 주의하세요.

🖼️ 오늘 배운 표현을 102-103p 그림에서 찾아 색칠해 보세요.

이해 과제 11-4

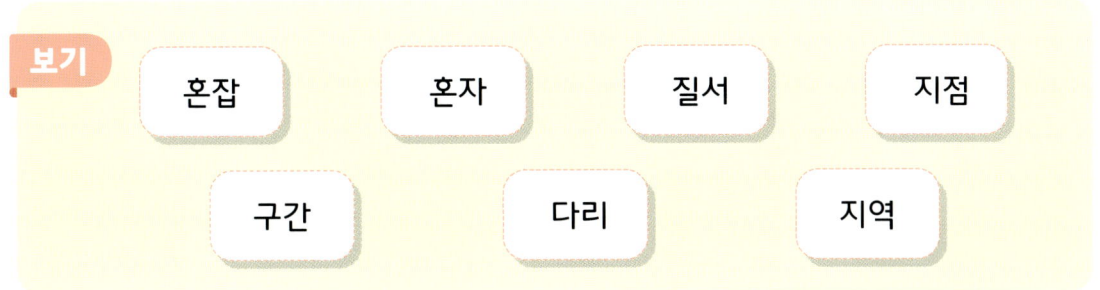

보기: 혼잡, 혼자, 질서, 지점, 구간, 다리, 지역

🔍 다음의 뜻을 가진 낱말을 보기에서 찾아 쓰세요.

① ☐ : 한 곳과 다른 곳 사이

② ☐ : 여럿이 복잡하게 뒤섞여 있는 것

💬 보기에서 적절한 낱말을 골라 덩어리 표현을 만들어보세요.

③ 열차를 이용하는 사람이 많아서 복잡한 구간을 말해요.

= ☐ ☐

✏️ 다음 문장의 빈칸에 알맞은 낱말을 쓰세요.

④ 도로에 공사 ☐ 이 많네요. 시간이 더 걸리겠어요.

⑤ 이 길은 출퇴근 시간에 특히 더 ☐ 합니다.

🖼️ 오늘 배운 표현을 204-205p 그림에서 찾아 색칠해 보세요.

이해 과제 11-5

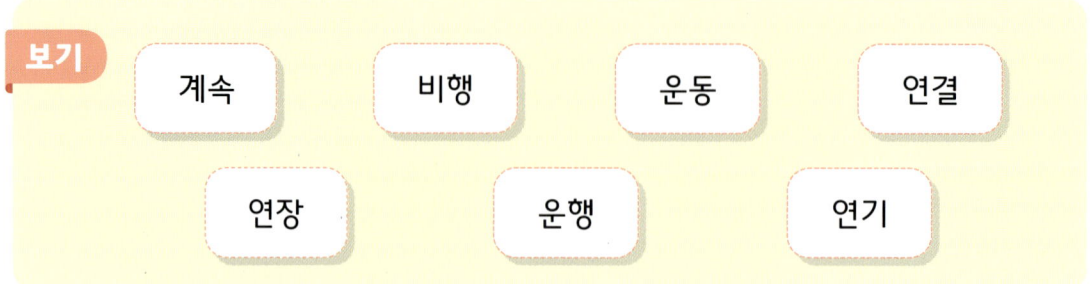

🔍 다음의 뜻을 가진 낱말을 보기에서 찾아 쓰세요.

① [ ] : 차량 따위가 정해진 도로나 목적지를 오고 가는 것

② [ ] : 길이나 시간을 더 늘리는 것

💬 보기에서 적절한 낱말을 골라 덩어리 표현을 만들어보세요.

③ 정해진 운행 시간보다 길게 늘려 운행합니다.

  = [ ] [ ]

✏️ 다음 문장의 빈칸에 알맞은 낱말을 쓰세요.

④ 엘리베이터 점검을 위해서 5시까지 [ ]을 멈춥니다.

⑤ 축구가 지금 2 대 2라고? [ ] 전까지 가는 거 아니야?

🖼️ 오늘 배운 표현을 204-205p 그림에서 찾아 색칠해 보세요.

이해 과제 11-6

🔍 다음의 뜻을 가진 낱말을 보기에서 찾아 쓰세요.

① ⬜ : 바로 그날

😀 보기에서 적절한 낱말을 골라 덩어리 표현을 만들어보세요.

② 추석 바로 그날

= ⬜ ⬜

✏️ 다음 문장의 빈칸에 알맞은 낱말을 쓰세요.

③ ⬜ 여행으로 갈 만한 곳이 있을까?

🖼️ 오늘 배운 표현을 204-205p 그림에서 찾아 색칠해 보세요.

이해 과제 11-7

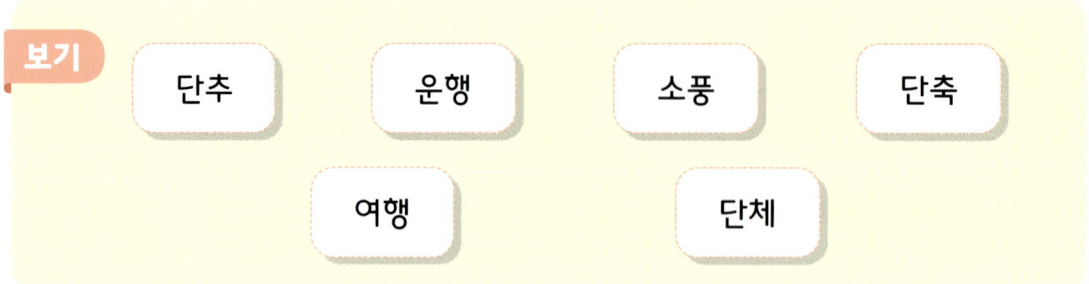
보기: 단추, 운행, 소풍, 단축, 여행, 단체

🔍 다음의 뜻을 가진 낱말을 보기에서 찾아 쓰세요.

① ☐ : 시간이나 거리를 짧게 줄이는 것

💬 보기에서 적절한 낱말을 골라 덩어리 표현을 만들어보세요.

② 정해진 운행 시간보다 짧게 줄여 운행합니다.

= ☐ ☐

✏️ 다음 문장의 빈칸에 알맞은 낱말을 쓰세요.

③ 오늘은 심한 폭염 때문에 ☐ 수업을 합니다.

🖼️ 오늘 배운 표현을 204-205p 그림에서 찾아 색칠해 보세요.

이해 과제 11-8

보기: 상시, 단속, 부정, 하차, 승차, 감독, 부정승차

🔍 다음의 뜻을 가진 낱말을 보기에서 찾아 쓰세요.

① _____ : 바르지 않거나 옳지 않은 것

② _____ : 특별한 일이 없는 보통 때

③ _____ : 값을 내지 않고 차를 타는 것

④ _____ : 차를 타는 것

💬 보기에서 적절한 낱말을 골라 덩어리 표현을 만들어보세요.

⑤ 정당한 값을 내지 않고 지하철을 이용하는 사람들을 단속합니다.

= _____ _____ _____

✏️ 다음 문장의 빈칸에 알맞은 낱말을 쓰세요.

⑥ 다른 사람의 시험지를 보는 것은 _____ 행위입니다.

⑦ 곧 출발합니다. 차례로 버스에 _____ 하세요.

⑧ 우리 학원은 _____ 등록이 가능합니다.

🖼️ 오늘 배운 표현을 204-205p 그림에서 찾아 색칠해 보세요.

이해 과제

이해 과제 11-9

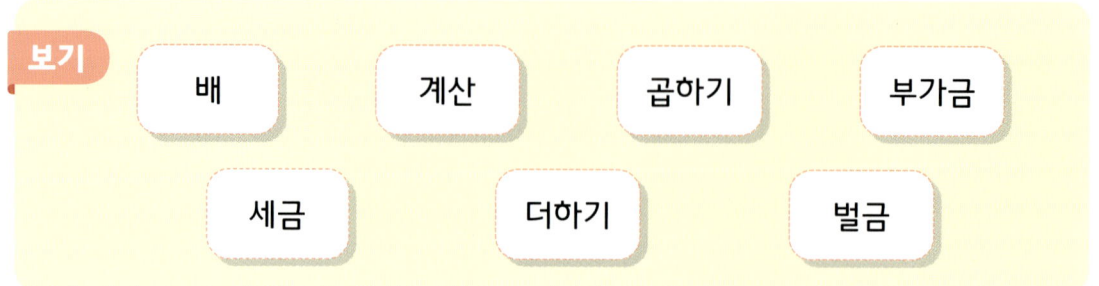

🔍 다음의 뜻을 가진 낱말을 보기에서 찾아 쓰세요.

① ☐ : 어떤 수나 양을 여러 번 더한 만큼(예: 두 배, 세 배 등)

② ☐ : 원래의 금액에 추가로 더 받는 돈

💬 보기에서 적절한 낱말을 골라 덩어리 표현을 만들어보세요.

③ 원래 내야 할 돈의 30배를 더 내야 합니다.
= 30 ☐ 의 ☐

✏️ 다음 문장의 빈칸에 알맞은 낱말을 쓰세요.

④ 법만 잘 지키면 ☐ 걱정은 안 해도 되지.

⑤ 내 자전거가 이것보다 두 ☐ 는 더 비싸.

🖼️ 오늘 배운 표현을 204-205p 그림에서 찾아 색칠해 보세요.

이해 과제 11-10

🔍 다음의 뜻을 가진 낱말을 보기에서 찾아 쓰세요.

① ☐ : 하기 힘들거나 할 수 없는 일을 도와주는 기구

② ☐ : 걸어서 다니는 것

💬 보기에서 적절한 낱말을 골라 덩어리 표현을 만들어보세요.

③ 걷기가 불편한 사람이 걸을 때 도움을 받을 수 있도록 만든 기구

= ☐ ☐

✏️ 다음 문장의 빈칸에 알맞은 낱말을 쓰세요.

④ 다친 팔에는 ☐ 를 착용해야 합니다.

⑤ 공사 때문에 ☐ 에 불편을 끼쳐 죄송합니다.

🖼️ 오늘 배운 표현을 204-205p 그림에서 찾아 색칠해 보세요.

이해 과제 **11-11**

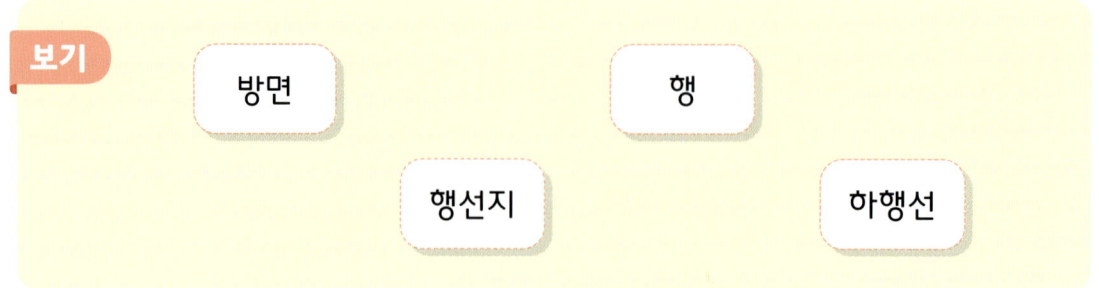

🔍 다음의 뜻을 가진 낱말을 보기에서 찾아 쓰세요.

① [　　　] : 가고자 하는 곳

② [　　　] : 어떤 지역이 있는 방향

③ [　　　] : 중앙에서 지방으로 가는 교통수단(도로나 철로)

④ [　　　] : 그곳으로 향함

✏️ 다음 문장의 빈칸에 알맞은 낱말을 쓰세요.

⑤ 출퇴근 시간에 양재역 [　　　] 은 많이 막혀요.

⑥ 추석 연휴 첫날엔 [　　　] 이 많이 막히지.

⑦ 아저씨, 대전 [　　　] 기차는 어디서 타나요?

⑧ [　　　] 를 말씀해 주시면 출발할게요!

🖼️ 오늘 배운 표현을 204-205p 그림에서 찾아 색칠해 보세요.

11. 지하철역

이해 과제 11-12

🔍 **다음의 뜻을 가진 낱말을 보기에서 찾아 쓰세요.**

① [ ] : 그날 맨 처음으로 떠나거나 들어오는 차

② [ ] : 그날 마지막으로 오거나 가는 차

③ [ ] : 손으로 끌고 다니는 수레

④ [ ] : 지방에서 중앙으로 가는 교통수단(도로나 철로)

✏️ **다음 문장의 빈칸에 알맞은 낱말을 쓰세요.**

⑤ 이렇게 새벽인데 [ ] 를 타는 사람들이 많구나.

⑥ 오다가 보니까 [ ] 은 텅텅 비었더라.

⑦ [ ] 에 가득 짐을 싣고 가는 할머니를 도와드렸다.

⑧ 다행이다. 조금만 늦었으면 [ ] 를 못 탈 뻔했네.

🎨 **오늘 배운 표현을 204-205p 그림에서 찾아 색칠해 보세요.**

205 | 알쏭달쏭! 한 줄 언어치료

색칠하기

선생님의 질문을 듣고 찾아보세요. 힌트 그림을 보고 찾을 수 있어요.

찾아보기 / 질문

01	지하에서 다니는 기차를 뭐라고 하나요?
02	지하철에서 물건을 잃어버렸어요. 어디로 가면 될까요?
03	할아버지, 할머니를 위해 만든 자리는 어디인가요?
04	1회용 승차권은 어디에서 살 수 있나요?
05	지하철이 움직일 때 넘어지지 않으려면 무엇을 잡아야 하나요?

힌트

 표현 과제

 **말해보기** 사람들이 무엇을 하고 있는지 이야기해 보세요.

- 아저씨가 물품보관함에 물건을 넣고 있어요.
- 아저씨가 지하철이 오는지 확인하고 있어요.
- 아저씨가 손잡이를 잡고 있어요.
- 여자가 앉아서 책을 읽고 있어요.
- 할머니가 도와달라고 말하고 있어요.
- 사람들이 지하철을 기다리고 있어요.
- 젊은 여자가 커피를 마시고 있어요.
- 학생이 앉아서 꾸벅꾸벅 졸고 있어요.
- 직원이 할머니에게 설명하고 있어요.
- 학생이 교통카드를 충전하고 있어요.
- 할아버지가 떨어진 핸드폰을 줍고 있어요.
- 남자가 지하철 안에서 큰 소리로 통화하고 있어요.

 208-209p 그림에서 사람들이 무엇을 하는지 한 번 더 말해보고 색칠해 보세요.

 **생각해 보기** 아래와 같이 감정추론, 문제해결, 결과예측 등 심화된 질문으로 확장해 보세요.

- 지하철 안에서 큰 소리로 통화하면 왜 안 될까요?

예시 답안 | 지하철은 공공장소이기 때문에. / 다른 사람에게 피해를 주기 때문에.

11. 지하철역

색칠 후 이전 페이지로 돌아가 '질문을 듣고 생각해 보기'를 해보세요.

색칠하기

12. 버스정류장

212-225p

12. 버스정류장

이해 과제 12-1

보기: 만원, 천원, 만인, 버스, 택시, 기차, 지하철

다음의 뜻을 가진 낱말을 보기에서 찾아 쓰세요.

① _____ : 어떤 곳에 사람이 꽉 찬 것

보기에서 적절한 낱말을 골라 덩어리 표현을 만들어보세요.

② 사람이 꽉찬 버스

= _____ _____

다음 문장의 빈칸에 알맞은 낱말을 쓰세요.

③ 맛집은 점심시간 전부터 이미 _____ 이더라. 사람들로 꽉 찼어.

오늘 배운 표현을 220-221p 그림에서 찾아 색칠해 보세요.

이해 과제 12-2

🔍 다음의 뜻을 가진 낱말을 보기에서 찾아 쓰세요.

① ☐ : 움직이던 차가 멈추는 것

💬 보기에서 적절한 낱말을 골라 덩어리 표현을 만들어보세요.

② 버스가 멈추면 일어나세요.

= ☐ 시 ☐

✏️ 다음 문장의 빈칸에 알맞은 낱말을 쓰세요.

③ 이 기차는 대전역에서 5분간 ☐ 합니다.

🎨 오늘 배운 표현을 220-221p 그림에서 찾아 색칠해 보세요.

이해 과제 12-3

보기: 현금, 지폐, 카드, 대중, 동전, 버스, 교통

🔍 다음의 뜻을 가진 낱말을 보기에서 찾아 쓰세요.

① [　　　] : 지폐나 동전 같은 돈

💬 보기에서 적절한 낱말을 골라 덩어리 표현을 만들어보세요.

② 이 버스는 교통카드로만 요금을 낼 수 있어요.
= [　　　] 없는 [　　　] 안내

✏️ 다음 문장의 빈칸에 알맞은 낱말을 쓰세요.

③ 키오스크에서 카드 말고 [　　　] 결제도 되나요?

🖼️ 오늘 배운 표현을 220-221p 그림에서 찾아 색칠해 보세요.

🔍 다음의 뜻을 가진 낱말을 보기에서 찾아 쓰세요.

① ☐ : 버스, 기차, 비행기 등이 정해놓고 다니는 길

💬 보기에서 적절한 낱말을 골라 덩어리 표현을 만들어보세요.

② 어떤 버스가 정해놓고 다니는 길을 알려주는 표

= ☐ ☐

✏️ 다음 문장의 빈칸에 알맞은 낱말을 쓰세요.

③ 지하철 ☐ 표가 너무 복잡해.

🖼️ 오늘 배운 표현을 220-221p 그림에서 찾아 색칠해 보세요.

이해 과제 12-5

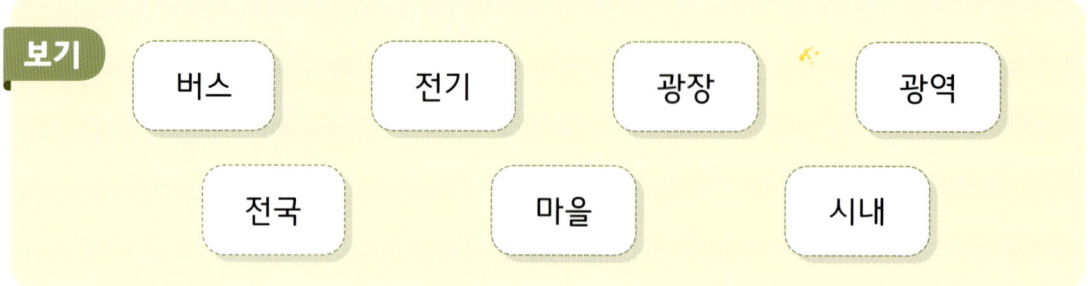

보기: 버스 전기 광장 광역 전국 마을 시내

🔍 다음의 뜻을 가진 낱말을 보기에서 찾아 쓰세요.

① _____ : 넓은 곳 또는 넓은 테두리

② _____ : 여러 집이 모여 사는 곳

💬 보기에서 적절한 낱말을 골라 덩어리 표현을 만들어보세요.

③ 큰 도시와 주변의 작은 도시를 연결하여 다니는 버스 = _____ _____

④ 주민들을 위해 지역 내 가까운 거리를 다니는 버스 = _____ _____

✏️ 다음 문장의 빈칸에 알맞은 낱말을 쓰세요.

⑤ 나는 바다가 보이는 우리 _____ 이 참 좋다.

⑥ 광주, 대구, 대전, 부산, 울산, 인천은 모두 _____ 시입니다.

🖼️ 오늘 배운 표현을 220-221p 그림에서 찾아 색칠해 보세요.

이해 과제 12-6

🔍 다음의 뜻을 가진 낱말을 보기에서 찾아 쓰세요.

① ☐ : 어떤 기준에 맞게 바꾸는 것

② ☐ : 사람이나 물건을 옮겨 주는 값으로 치르는 돈

💬 보기에서 적절한 낱말을 골라 덩어리 표현을 만들어보세요.

③ 버스요금이 바뀝니다.

= 버스 ☐ ☐ 안내

✏️ 다음 문장의 빈칸에 알맞은 낱말을 쓰세요.

④ 올가을부터 열차 ☐ 이 오른다고 합니다.

⑤ 새 학기엔 학원 시간을 다시 ☐ 해야 합니다.

🎨 오늘 배운 표현을 220-221p 그림에서 찾아 색칠해 보세요.

이해 과제 12-7

🔍 다음의 뜻을 가진 낱말을 보기에서 찾아 쓰세요.

① ☐ : 버스에서 내리기 전에 누르는 벨

② ☐ : 차에서 내리는 것

③ ☐ : 필요한 데 쓰고도 넉넉하게 남는 것

④ ☐ : 어떤 곳에 들어오는 것

✏️ 다음 문장의 빈칸에 알맞은 낱말을 쓰세요.

⑤ ☐ 을 장난으로 누르면 안 돼요.

⑥ 방학에는 시간 ☐ 가 많아요.

⑦ 종점에서 ☐ 하세요.

⑧ 이 도로는 오토바이 ☐ 을 금지합니다.

🖼️ 오늘 배운 표현을 220-221p 그림에서 찾아 색칠해 보세요.

이해 과제 12-8

🔍 다음의 뜻을 가진 낱말을 보기에서 찾아 쓰세요.

① [　　　] : 바닥이 낮고 출입문에 계단이 없는 버스

② [　　　] : 장애인, 노인, 임산부, 어린이 등 일상에서 이동에 불편을 느끼는 사람

③ [　　　] : 교통약자를 위한 자리

✏️ 다음 문장의 빈칸에 알맞은 낱말을 쓰세요.

④ 지하철에는 [　　　] 이 마련되어 있습니다.

⑤ [　　　] 는 휠체어를 탄 채 이용할 수 있습니다.

⑥ [　　　] 를 위해서 낮은 손잡이가 더 많아져야 해요.

🖼️ 오늘 배운 표현을 220-221p 그림에서 찾아 색칠해 보세요.

221 | 알쏭달쏭! 한 줄 언어치료

색칠하기

선생님의 질문을 듣고 찾아보세요. 힌트 그림을 보고 찾을 수 있어요.

찾아보기 / 질문

01	사람들이 버스에서 내리고 싶을 때 무엇을 누를까요?
02	누가 버스를 운전하나요?
03	버스가 어디로 가는지 궁금할 때 무엇을 보나요?
04	버스에서 넘어지지 않으려면 무엇을 잡아야 하나요?
05	휠체어를 탄 사람을 위한 자리는 무엇인가요?

힌트

 표현 과제

 말해보기 사람들이 무엇을 하고 있는지 이야기해 보세요.

- 아줌마가 버스정류장 벤치에 앉아 있어요.
- 남학생이 (핸드폰으로) 문자를 확인하고 있어요.
- 아저씨가 도착 안내판을 보고 있어요.
- 언니가 휠체어를 타고 교통약자석을 이용해요.
- 남학생이 버스정류장으로 뛰어오고 있어요.
- 버스 기사 아저씨가 손님들을 태우고 있어요.
- 형이 버스에서 내리고 있어요.
- 할머니가 버스에 타고 있어요.
- 여학생이 교통카드를 찍고 있어요.
- 엄마는 하차벨을 누르고 있어요.
- 남학생이 손잡이를 잡고 서 있어요.
- 아저씨가 앉아서 졸고 있어요.

 224-225p 그림에서 사람들이 무엇을 하는지 한 번 더 말해보고 색칠해 보세요.

 생각해 보기 아래와 같이 감정추론, 문제해결, 결과예측 등 심화된 질문으로 확장해 보세요.

- 남학생은 왜 뛰어오고 있나요?

예시 답안 | 버스가 출발할까 봐. / 버스를 못 탈까 봐.

- 버스가 가버렸다면 어떻게 해야 할까요?

예시 답안 | 다음 버스를 기다려요.

- 여학생이 왜 교통카드를 찍고 있나요?

예시 답안 | 버스요금을 내려고

주제별 이해 과제 정답

1. 우리 동네

이해 과제 1-1
12p
- ① 금일　② 휴업
- ③ (금일) (휴업)입니다.
- ④ 휴업　⑤ 금일

이해 과제 1-2
13p
- ① 철거
- ② (철거) (공사) 중
- ③ 철거

이해 과제 1-3
14p
- ① 배출　② 일몰
- ③ (생활쓰레기) (배출)은 (일몰) 후에
- ④ 일몰　⑤ 배출

이해 과제 1-4
15p
- ① 부착
- ② (광고물) (부착) (금지)
- ③ 부착

이해 과제 1-5
16p
- ① 원조
- ② (원조) (식당)
- ③ 원조

이해 과제 1-6
17p
- ① 리필　② 무한　③ 무한리필
- ④ (라면) (무한) (리필)
- ⑤ 무한리필　⑥ 무한　⑦ 리필

이해 과제 정답

이해 과제 1-7 18p	🔍 ① 식품
	💬 ② (신선) (식품)
	✏️ ③ 식품

이해 과제 1-8 19p	🔍 ① 취급
	💬 ② (취급) (주의)
	✏️ ③ 취급

이해 과제 1-9 20p	🔍 ① 신축
	💬 ② (신축) (빌라)
	✏️ ③ 신축

이해 과제 1-10 21p	🔍 ① 월세 ② 전세 ③ 매매 ④ 부동산 ⑤ 임대
	✏️ ⑥ 매매 ⑦ 월세 ⑧ 부동산 ⑨ 임대 ⑩ 전세

이해 과제 1-11 22p	🔍 ① 정육점 ② 정육 ③ 반점
	✏️ ④ 반점 ⑤ 정육 ⑥ 정육점

질문 듣고 찾기	① 환경미화원 ② 반점 ③ 정육점 ④ 택배아저씨 ⑤ 신호등 / 초록불

2. 병원

이해 과제 2-1　32p
- ① 조제　② 복약
- ③ (조제약) (복약) (안내)
- ④ 복약　⑤ 조제

이해 과제 2-2　33p
- ① 식전　② 식후
- ③ (식전) (30분)　④ (식후) (즉시)　⑤ (식후) (30분)
- ⑥ 식후　⑦ 식전

이해 과제 2-3　34p
- ① 처방전　② 발행
- ③ (처방전) (발행)
- ④ 발행　⑤ 처방전

이해 과제 2-4　35p
- ① 야간
- ② (야간) (진료)
- ③ 야간

이해 과제 2-5　36p
- ① 휴진
- ② (일요일)・(공휴일) (휴진)
- ③ 휴진

이해 과제 2-6　37p
- ① 의료　② 폐기물
- ③ (처방전) (발행)
- ④ 폐기물　⑤ 의료

이해 과제 정답

이해 과제 2-7 38p	🔍 ① 공복 ② 접수 ③ 수납 ④ 평일 ⑤ 고정문 ⑥ 탈의실 ✏️ ⑦ 수납 ⑧ 평일 ⑨ 공복 ⑩ 탈의실 ⑪ 고정문 ⑫ 접수
이해 과제 2-8 39p	🔍 ① 내원 ② 약사 ③ 해열제 ④ 진통제 ⑤ 소화제 ✏️ ⑥ 소화제 ⑦ 진통제 ⑧ 해열제 ⑨ 내원 ⑩ 약사

질문 듣고 찾기	① 해열제 ② 간호사 ③ 청진기 ④ 휠체어 ⑤ 약사

이해 과제 정답

3. 서점

이해 과제 3-1
48p

① 신간　② 코너
③ (신간) (코너)
④ 코너　⑤ 신간

이해 과제 3-2
49p

① 훼손　② 절대　③ 도서
④ (도서) (훼손) (절대) (주의)
⑤ 훼손　⑥ 도서　⑦ 절대

이해 과제 3-3
50p

① 방지　② 도난　③ 경보
④ (도난) (방지) (경보)
⑤ 방지　⑥ 경보　⑦ 도난

이해 과제 3-4
51p

① 검색
② (도서) (검색)
③ 검색

이해 과제 3-5
52p

① 참고서　② 초중고
③ (초중고) (참고서)
④ 초중고　⑤ 참고서

이해 과제 3-6
53p

① 한정　② 수량
③ (한정) (수량)
④ 수량　⑤ 한정

이해 과제 정답

이해 과제 3-7 54p	① 학기　② 신학기 ③ (신학기) (용품) ④ 신학기　⑤ 학기
이해 과제 3-8 55p	① 소지　② 화방용품　③ 학용품　④ 사무용품　⑤ 어학　⑥ 이벤트 ⑦ 소지　⑧ 화방용품　⑨ 사무용품　⑩ 이벤트　⑪ 어학　⑫ 학용품
이해 과제 3-9 56p	① 베스트셀러　② 문학　③ 소설　④ 잡지　⑤ 한정판 ⑥ 잡지　⑦ 문학　⑧ 소설　⑨ 한정판　⑩ 베스트셀러

질문 듣고 찾기　① 학용품 코너　② 도서검색대　③ 어학 코너
④ 계산대　⑤ 안내도

4. 놀이공원

이해 과제 **4-1** 66p	🔍	① 이용권　② 자유
	💬	③ (자유) (이용권)
	✏️	④ 자유　⑤ 이용권

이해 과제 **4-2** 67p	🔍	① 결제　② 현장
	💬	③ (현장) (결제)
	✏️	④ 현장　⑤ 결제

이해 과제 **4-3** 68p	🔍	① 개장
	💬	② (야간) (개장)
	✏️	③ 개장

이해 과제 **4-4** 69p	🔍	① 대여소
	💬	② (유모차) (휠체어) (대여소)
	✏️	③ 대여소

이해 과제 **4-5** 70p	🔍	① 미아
	💬	② (미아) (보호실)
	✏️	③ 미아

이해 과제 **4-6** 71p	🔍	① 대기
	💬	② (탑승) (대기) (시간)
	✏️	③ 대기

이해 과제 정답

이해 과제 4-7 72p	🔍 ① 소요
	💬 ② (30분) (소요)
	✏️ ③ 소요

이해 과제 4-8 73p	🔍 ① 시설　② 운휴
	💬 ③ (운휴) (시설) (안내)
	✏️ ④ 운휴　⑤ 시설

이해 과제 4-9 74p	🔍 ① 정원
	💬 ② (탑승) (정원)
	✏️ ③ 정원

이해 과제 4-10 75p	🔍 ① 운행
	💬 ② (운행) (시간)
	✏️ ③ 운행

이해 과제 4-11 76p	🔍 ① 제한
	💬 ② (탑승) (제한)
	✏️ ③ 제한

이해 과제 4-12 77p	🔍 ① 제도　② 편의
	💬 ③ (장애인) (편의) (제도)
	✏️ ④ 편의　⑤ 제도

이해 과제 정답

4. 놀이공원

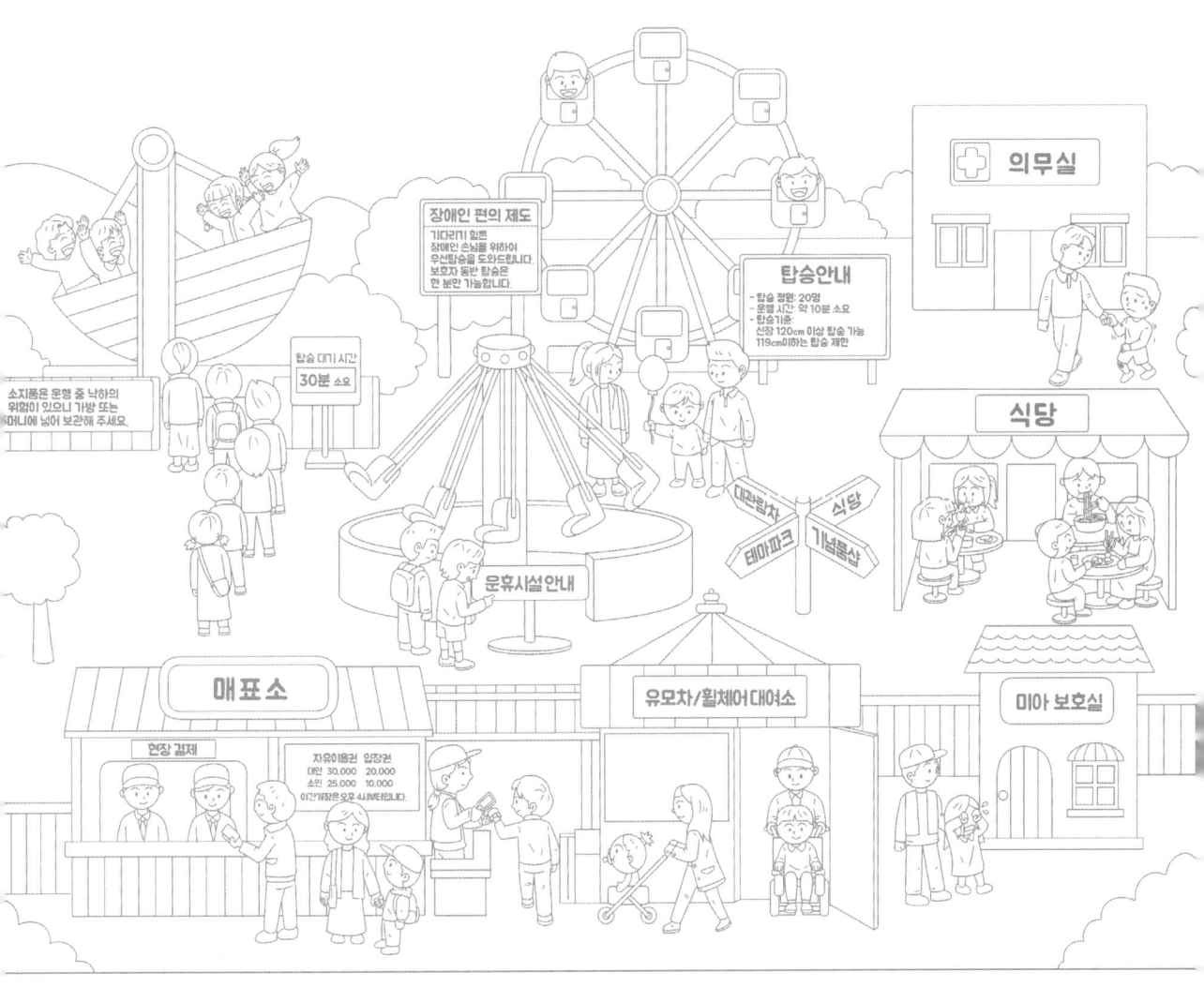

이해 과제 정답

5. 마트

이해 과제 5-1 90p	🔍 ① 입점　② 매장
	💬 ③ (입점) (매장) (안내)
	✏️ ④ 매장　⑤ 입점

이해 과제 5-2 91p	🔍 ① 이득
	💬 ② (담을수록) (이득)
	✏️ ③ 이득

이해 과제 5-3 92p	🔍 ① 내의　② 발열
	💬 ③ (발열) (내의)
	✏️ ④ 내의　⑤ 발열

이해 과제 5-4 93p	🔍 ① 기회　② 득템
	💬 ③ (득템) (기회)
	✏️ ④ 득템　⑤ 기회

이해 과제 5-5 94p	🔍 ① 도전　② 최저가
	💬 ③ (최저가) (도전)
	✏️ ④ 도전　⑤ 최저가

이해 과제 5-6 95p	🔍 ① 안정　② 물가
	💬 ③ (물가) (안정)
	✏️ ④ 물가　⑤ 안정

이해 과제 정답

이해 과제 5-7 96p	🔍 ① 할인　② 마감
	💬 ③ (마감)(할인)
	✏️ ④ 할인　⑤ 마감

이해 과제 5-8 97p	🔍 ① 세일　② 폭탄
	💬 ③ (폭탄)(세일)
	✏️ ④ 폭탄　⑤ 세일　⑥ 폭탄

이해 과제 5-9 98p	🔍 ① 배송　② 근거리
	💬 ③ (근거리)(배송)
	✏️ ④ 배송　⑤ 근거리

이해 과제 5-10 99p	🔍 ① 계산　② 소량　③ 계산대　④ 전용
	💬 ⑤ (소량)(전용)(계산대)
	✏️ ⑥ 계산대　⑦ 전용　⑧ 소량　⑨ 계산

이해 과제 5-11 100p	🔍 ① 휴점일　② 이하　③ 휴점
	✏️ ④ 휴점일　⑤ 휴점　⑥ 이하

질문 듣고 찾기　① 고객센터　② 시식 코너　③ 정육 코너　④ 내의　⑤ 쇼핑카트

생활독해 2 | 240

6. 영화관

이해 과제 6-1
110p
🔍 ① 티켓　② 구매　③ 예매　④ 출력
💬 ⑤ (예매) (티켓) (출력)　⑥ (티켓) (구매)
✏️ ⑦ 출력　⑧ 티켓　⑨ 구매　⑩ 예매

이해 과제 6-2
111p
🔍 ① 관련　② 등급
💬 ③ (영화) (관련) (등급) (안내)
✏️ ④ 등급　⑤ 관련

이해 과제 6-3
112p
🔍 ① 전체　② 불가　③ 관람
💬 ④ 18세 미만 (청소년) (관람) (불가)　⑤ 15세 이상 (관람) (영화)
　⑥ 2세 이상 (관람) (영화)　⑦ All (전체) (관람) (영화)
✏️ ⑧ 관람　⑨ 불가　⑩ 전체

이해 과제 6-4
113p
🔍 ① 상영　② 예정
💬 ③ (상영) (시간표)　④ (상영) (시간)　⑤ (상영) (예정작)
✏️ ⑥ 예정　⑦ 상영

이해 과제 6-5
114p
🔍 ① 금지　② 무단　③ 촬영
💬 ④ (상영관) 내 (무단) (촬영) (금지)
✏️ ⑤ 무단　⑥ 금지　⑦ 촬영

이해 과제 6-6
115p
🔍 ① 비상구　② 비상　③ 상영관　④ 잔여석
✏️ ⑤ 비상　⑥ 잔여석　⑦ 상영관　⑧ 비상구

이해 과제 정답

241 | 알쏭달쏭! 한 줄 언어치료

| 이해 과제 6-7 | 🔍 | ① 개봉 | ② 대개봉 | ③ 매진 |
| 116p | ✏️ | ④ 대개봉 | ⑤ 개봉 | ⑥ 매진 |

| 질문 듣고 찾기 | ① 매점   ② 키오스크   ③ 비상구   ④ 영화표 |
| | ⑤ 팜플릿 |

이해 과제 정답

7. 푸드코트

이해 과제 7-1
126p
- ① 꼬마　② 모둠
- ③ (모둠) (김밥)　④ (꼬마) (김밥)
- ⑤ 모둠　⑥ 꼬마　⑦ 모둠

이해 과제 7-2
127p
- ① 재료　② 국내산　③ 엄선
- ④ 100% (국내산) (재료) (엄선)
- ⑤ 엄선　⑥ 재료　⑦ 국내산

이해 과제 7-3
128p
- ① 소진
- ② (재료) (소진)
- ③ 소진

이해 과제 7-4
129p
- ① 반납　② 식기
- ③ (식기) (반납)
- ④ 반납　⑤ 식기

이해 과제 7-5
130p
- ① 출입　② 직원
- ③ (직원) 외 (출입) (금지)
- ④ 출입　⑤ 직원

이해 과제 7-6
131p
- ① 규제
- ② (일회용품) (사용) (규제)
- ③ 규제

이해 과제 정답

이해 과제 7-7	🔍	① 퇴식구 ② 냉방 ③ 난방 ④ 동절기 ⑤ 하절기
132p	✏️	⑥ 냉방 / 난방 ⑦ 동절기 ⑧ 난방 ⑨ 하절기 ⑩ 퇴식구

질문 듣고 찾기	① 퇴식구 ② 정수기 ③ 모둠김밥 ④ 일회용품 ⑤ 번호표 전광판

이해 과제 정답

8. 공항

이해 과제 8-1
142p

- ① 수속 ② 환승
- ③ (환승) (수속)
- ④ 환승 ⑤ 수속

이해 과제 8-2
143p

- ① 검색 ② 수화물
- ③ (수화물) (검색)
- ④ 검색 ⑤ 수화물

이해 과제 8-3
144p

- ① 기내 ② 규정
- ③ (기내)(수화물) (규정)안내
- ④ 규정 ⑤ 기내

이해 과제 8-4
145p

- ① 변경 ② 탑승장
- ③ (탑승장) (변경)
- ④ 탑승장 ⑤ 변경

이해 과제 8-5
146p

- ① 심사
- ② (출국) (심사)
- ③ 심사

이해 과제 8-6
147p

- ① 환전소 ② 환전 ③ 터미널 ④ 여객 ⑤ 출국
- ⑥ 출국 ⑦ 환전 ⑧ 터미널 ⑨ 환전소 ⑩ 여객

이해 과제 정답

이해 과제 8-7 148p	🔍 ✏️	① 탑승구 ② 탑승 ③ 소형 ④ 휴대용 ⑤ 연착 ⑥ 연착 ⑦ 탑승 ⑧ 탑승구 ⑨ 휴대용 ⑩ 소형
이해 과제 8-8 149p	🔍 ✏️	① 면세점 ② 면세 ③ 입국 ④ 국제선 ⑤ 결항 ⑥ 면세점 ⑦ 국제선 ⑧ 입국 ⑨ 결항
질문 듣고 찾기		① 비행기 ② 환전소 ③ 비행기표, 여권 ④ 면세점 ⑤ 짐, 수화물, 캐리어…

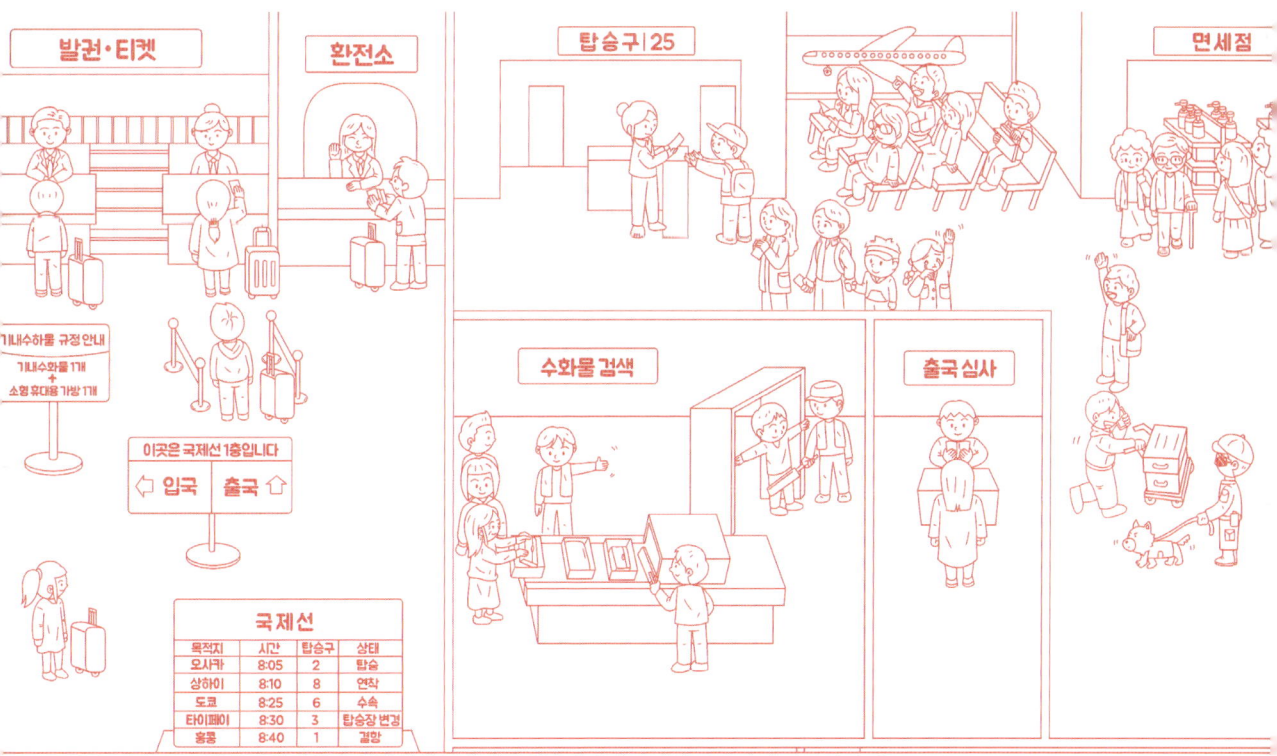

이해 과제 정답

9. 공원

이해 과제 **9-1** 158p	🔍 ① 반려견　② 착용　③ 목줄　④ 반려
	💬 ⑤ (반려견) (목줄) (착용)
	✏️ ⑥ 목줄　⑦ 반려　⑧ 착용　⑨ 반려견

이해 과제 **9-2** 159p	🔍 ① 수거　② 배설물
	💬 ③ (배설물) (수거)
	✏️ ④ 배설물　⑤ 수거

이해 과제 **9-3** 160p	🔍 ① 근린
	💬 ② (근린) (공원)
	✏️ ③ 근린

이해 과제 **9-4** 161p	🔍 ① 채취　② 식물
	💬 ③ (식물) (채취) (금지)
	✏️ ④ 채취　⑤ 식물

이해 과제 **9-5** 162p	🔍 ① 음주　② 고성방가
	💬 ③ (음주) 및 (고성방가) 금지
	✏️ ④ 고성방가　⑤ 음주

이해 과제 **9-6** 163p	🔍 ① 투기
	💬 ② 쓰레기 (투기) (금지)
	✏️ ③ 투기

이해 과제 정답

이해 과제 9-7 164p	🔍 ① 쉼터　② 무더위
	💬 ③ (무더위) (쉼터)
	✏️ ④ 쉼터　⑤ 무더위

이해 과제 9-8 165p	🔍 ① 보행로　② 음수대　③ 보행
	✏️ ④ 보행로　⑤ 보행　⑥ 음수대

질문 듣고 찾기	① 무더위 쉼터　② 반려견 목줄 착용. 배설물 수거 ③ 음수대　④ 킥보드 / 자전거　⑤ 잠자리채

10. 학교 앞

이해 과제 10-1
174p
① 보호　② 구역
③ 어린이 (보호) (구역)
④ 구역　⑤ 보호

이해 과제 10-2
175p
① 견인
② (견인) (지역)
③ 견인

이해 과제 10-3
176p
① 서행
② (서행) (운전)
③ 서행

이해 과제 10-4
177p
① 확보
② (안전) 거리 (확보)
③ 확보

이해 과제 10-5
178p
① 병설유치원　② 모집　③ 원아　④ 내년
⑤ 초등학교 (병설유치원) 내년 (원아) (모집)
⑥ 모집　⑦ 내년　⑧ 병설유치원　⑨ 원아

이해 과제 10-6
179p
① 교문　② 개방
③ (교문) (개방) 안내
④ 개방　⑤ 교문

이해 과제 정답

249 | 알쏭달쏭! 한 줄 언어치료

이해 과제 10-7 180p	🔍 ① 보관 ② 제설 ③ 자재
	💬 ④ (제설)(자재)(보관)함
	✏️ ⑤ 보관 ⑥ 자재 ⑦ 제설

이해 과제 10-8 181p	🔍 ① 지킴이
	💬 ② (교통)(안전)(지킴이)
	✏️ ③ 지킴이

이해 과제 10-9 182p	🔍 ① 통학로 ② 불법 ③ 주정차 ④ 강력 ⑤ 단속
	💬 ⑥ (통학로) 내 (불법)(주정차)(강력)(단속)
	✏️ ⑦ 주정차 ⑧ 불법 ⑨ 단속 ⑩ 통학로 ⑪ 강력

질문 듣고 찾기	① 횡단보도 ② 보안관 아저씨 ③ 교문
	④ 교통안전지킴이 ⑤ 신호등

이해 과제 정답

11. 지하철역

이해 과제 11-1
192p

① 물품　② 보관함　③ 무인
④ (무인) (물품) (보관함)
⑤ 무인　⑥ 보관함　⑦ 물품

이해 과제 11-2
193p

① 녹화　② CCTV
③ (CCTV) (녹화) 중
④ 녹화　⑤ CCTV

이해 과제 11-3
194p

① 전역　② 지연　③ 전전역　④ 접근　⑤ 당역
⑥ (열차) (지연)　⑦ (전역) (접근)　⑧ (전전역) (도착)　⑨ (당역) (도착)
⑩ 지연　⑪ 전역 / 전전역　⑫ 접근　⑬ 전전역 / 전역　⑭ 당역

이해 과제 11-4
195

① 구간　② 혼잡
③ (혼잡) (구간)
④ 구간　⑤ 혼잡

이해 과제 11-5
196p

① 운행　② 연장
③ (연장) (운행)
④ 운행　⑤ 연장

이해 과제 11-6
197p

① 당일
② (추석) (당일)
③ 당일

이해 과제 정답

이해 과제 11-7		
198p	🔍	① 단축
	💬	② (단축) (운행)
	✏️	③ 단축

이해 과제 11-8		
199p	🔍	① 부정 ② 상시 ③ 부정승차 ④ 승차
	💬	⑤ (부정승차) (상시) (단속)
	✏️	⑥ 부정 ⑦ 승차 ⑧ 상시

이해 과제 11-9		
200p	🔍	① 배 ② 부가금
	💬	③ 30(배)의 (부가금)
	✏️	④ 부가금 ⑤ 배

이해 과제 11-10		
201p	🔍	① 보조기 ② 보행
	💬	③ (보행) (보조기)
	✏️	④ 보조기 ⑤ 보행

이해 과제 11-11		
202p	🔍	① 행선지 ② 방면 ③ 하행선 ④ 행
	✏️	⑤ 방면 ⑥ 하행선 ⑦ 행 ⑧ 행선지

이해 과제 11-12		
203p	🔍	① 첫차 ② 막차 ③ 손수레 ④ 상행선
	✏️	⑤ 첫차 ⑥ 상행선 ⑦ 손수레 ⑧ 막차

질문 듣고 찾기	① 지하철 ② 고객센터 ③ 노약자석
	④ 승차권 발매기 ⑤ 손잡이

이해 과제 정답

12. 버스정류장

이해 과제 12-1
212p
- ① 만원
- ② (만원) (버스)
- ③ 만원

이해 과제 12-2
213p
- ① 정차
- ② (정차) 시 (일어나세요)
- ③ 정차

이해 과제 12-3
214p
- ① 현금
- ② (현금) 없는 (버스) 안내
- ③ 현금

이해 과제 12-4
215p
- ① 노선
- ② (버스) (노선표)
- ③ 노선

이해 과제 12-5
216p
- ① 광역   ② 마을
- ② (광역) (버스)   ③ (마을) (버스)
- ④ 마을   ⑤ 광역

이해 과제 12-6
217p
- ① 조정   ② 운임
- ③ 버스 (운임) (조정) 안내
- ④ 운임   ⑤ 조정

이해 과제 정답

이해 과제 12-7 218p	🔍 ① 하차벨 ② 하차 ③ 여유 ④ 진입
	✏️ ⑤ 하차벨 ⑥ 여유 ⑦ 하차 ⑧ 진입

이해 과제 12-8 219p	🔍 ① 저상버스 ② 교통약자 ③ 교통약자석
	✏️ ④ 교통약자석 ⑤ 저상버스 ⑥ 교통약자

질문 듣고 찾기	① 하차벨 ② 버스 기사 아저씨 ③ 버스노선도 ④ 손잡이 ⑤ 교통약자석

저자 소개

최 숲

이 력
- 단국대학교 대학원 졸업(언어청각장애전공 석사)
- 조선대학교 대학원 졸업(언어병리학 박사)
- 조선대학교 언어치료학부 출강
- 조선대학교 사회복지센터 언어재활사 근무
- 신·언어임상연구소 언어재활사 근무
- 광주대학교 언어치료학과 교육전담 교수 역임
- 강남이화말언어연구소
- 홀트서울심리상담센터

현 재
- 푸르메어린이발달재활센터
- 보건복지부 국가자격증 언어재활사 1급

황주희

이 력
- 연세대학교 대학원 졸업(언어병리학 석사)
- 미국 뉴욕주립대학교(영어교육전공 석사)
- 보바스기념병원 언어치료실 언어재활사 근무
- 조선대학교 언어치료학부 겸임교수 역임
- 단국대학교 특수대학원 출강
- 신·언어임상연구소 책임연구원

현 재
- 연세말자람언어연구소 소장
- 보건복지부 국가자격증 언어재활사 1급

이지숙

이 력
- 나사렛대학교 언어치료학과 졸업
- 이화여자대학교 대학원 졸업(언어병리학 석사)
- 나사렛대학교 언어치료학과 출강
- 우송대학교 언어치료청각재활학과 출강

현 재
- 신·언어임상연구소 부소장
- 보건복지부 국가자격증 언어재활사 1급

공동저서

2022년 5월 발간 | 생활독해 1

2022년 7월 발간 | 유창성 놀다

2022년 9월 발간 | 유창성 워크북(학지사)